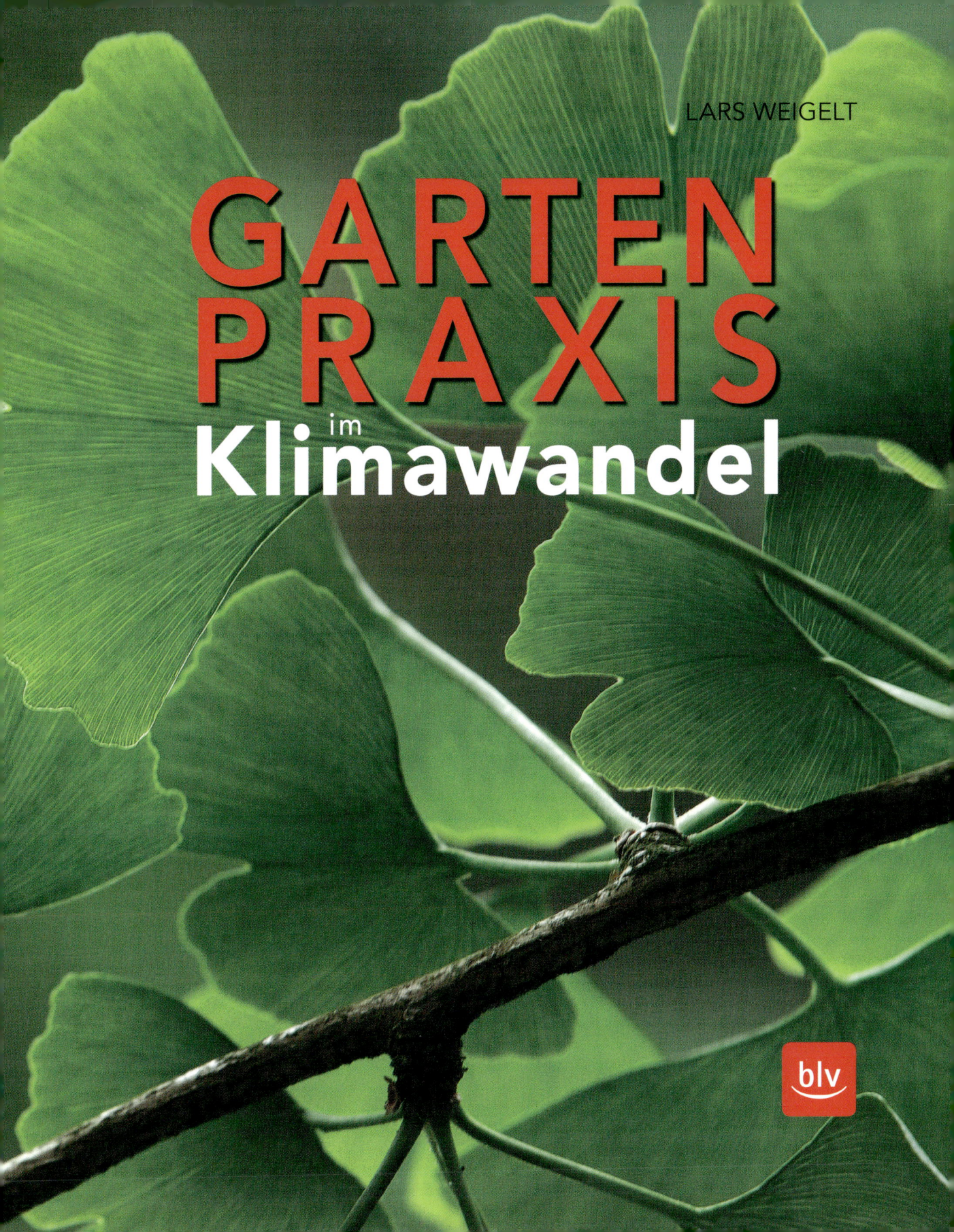

LARS WEIGELT

GARTEN
PRAXIS
im Klimawandel

blv

Inhalt

Klima im Wandel

JA, DER KLIMAWANDEL FINDET STATT. NICHT IMMER MESS- UND NACHWEISBAR UND NUR SELTEN WIE PROGNOSTIZIERT. ABER: DIE VERÄNDERUNG DES WELTKLIMAS IST IM GROSSEN WIE IM KLEINEN SICHT- UND SPÜRBAR GEWORDEN. DIE NATUR VERÄNDERT SICH, PASST SICH AN, STELLT SICH DER HERAUSFORDERUNG. TUN WIR ES IHR NACH!

ALLES BLEIBT ANDERS

Gewiss, auf uns Gärtner kommt Einiges zu. Den Garten, so wie wir ihn bisher kannten und nach bestem Wissen beackert und kultiviert haben, wird es absehbar nicht mehr als verlässliche Konstante geben.

Bewährte Konzepte und gewohnte Standards verändern sich – ein Zeichen des unaufhaltbar voranschreitenden Klimawandels.

Aber bevor wir uns ob der vielen ungewissen Faktoren und Eventualitäten die Lust am Garten vom aufziehenden Klimawandel vermiesen lassen, nehmen wir die Herausforderung an und lernen den Garten als Teil von Natur und Umwelt neu kennen. Entdecken Sie, welche großen Möglichkeiten sich ergeben, wenn man den Garten und die eigene Art zu gärtnern hinterfragt und dabei ein gutes Stück neu erfindet.

Gefragt ist ein neues Bewusstsein für die Veränderung, ja das Zulassen ihrer selbst, um den Weg, der meist menschengemacht ist, aber doch von der Natur vorgegeben wird, mit gutem Gewissen weiter zu beschreiten. Der Weg ist Aufgabe und Ziel zugleich und unser Blick kann nur in eine Richtung zeigen: vorwärtsgewandt gen Zukunft.

> Die beste Zeit, einen Baum zu pflanzen, war vor 20 Jahren. Die nächstbeste Zeit ist jetzt.
> (Afrikanisches Sprichwort)

FAKTEN LIEFERN DEN BEWEIS

Prima Klima? So, wie wir es bisher verstanden haben, eher nicht – mehr. Der Klimawandel ändert globale wie lokale Voraussetzungen fürs Gärtnern in einem bisher nie gedachten Maß. Darauf müssen wir uns einstellen – am besten heute, hier und jetzt. Die Zukunft liegt gar nicht so fern, bezogen auf den Klimawandel hat sie bereits begonnen. Schwer tun wir uns vor allem, den forstschreitenden Wandel von Klima, Natur und Umwelt zu akzeptieren. Dabei waren es wir Menschen, die den natürlichen Klimalauf aus seinen geordneten Bahnen geworfen haben und immer noch werfen. Schon ein knapper Blick auf die Fakten macht mehr als deutlich, dass der Klimawandel weder Einbildung noch Überzeichnung des Tatsächlichen ist. Den wechselhaften Verlauf des Sommers 2016 sehen viele Klima- und Wetterexperten als deutliches Zeichen, dass »wir bereits mitten im Klimawandel stecken«, so Dr. Paul Becker, Vizepräsident des Deutschen Wetterdienstes (DWD) im September 2016. Ganz ähnlich sieht es Maria Krautzberger, Präsidentin des Umweltbundeamts (UBA), die eine Anpassung an

den Klimawandel als »immer wichtiger« erachtet und damit wortstark in den Chor derer einstimmt, die »eine neue Kultur im Umgang mit Naturgefahren« fordern.

Im weltweiten Maßstab war der Sommer 2016 nachgewiesenermaßen der wärmste seit Beginn der systematischen Wetteraufzeichnungen im Jahr 1880. Die Rekordwerte wurden durch das Zusammentreffen von Klimawandel und dem natürlichen Klimaphänomen El Niño noch begünstigt. Dabei zeigte sich das Wetter mit zahlreichen Dürren und Überschwemmungen von seiner extremen Seite.

Dass sich das Klima in unseren Breiten so wechselhaft und zuweilen launig zeigt, liegt aber nicht nur am Klimawandel, sondern auch an der Lage im Übergangsbereich zwischen dem maritimen Klima Westeuropas und dem kontinentalen Klima Osteuropas, die für teils unruhige Wetterverläufe sorgt. Das Aufeinandertreffen

verschieden temperierter und zirkulierender Luftmassen und die verschiedenartige topographische Struktur Mitteleuropas bedingt die große Variabilität unseres Klimas. Genaue lokalbezogene Vorhersagen macht das nicht einfacher. Die jahrzehntelange Beobachtung und Auswertung des Klimas in Deutschland durch den Deutschen Wetterdienst (DWD) allerdings lässt am steten Temperaturanstieg infolge des sich zuspitzenden Treibhauseffektes keinen Zweifel. So vermerkt der »Nationale Klimareport 2016« des DWD folgende unmissverständliche Fakten:

- Der Trend zur Erwärmung in Deutschland hat sich verfestigt.
- Die Jahresmitteltemperatur stieg um 1,4 °C in den letzten 135 Jahren. Jahresdurchschnittstemperatur 2015: 9,9 °C; Rekordjahr 2014 mit 10,3 °C; Temperaturanstieg in den letzten 30 Jahren 0,7 °C bezogen auf die Referenzperiode 1961 bis 1990 mit einer Jahresdurchschnittstemperatur von 8,9 °C.
- Änderung der Extreme: mehr Hitze-, weniger Eistage.
- Kurzfristige mittlere deutschlandweite Erwärmung zwischen 1,0 und 1,4 °C (2021 bis 2050).
- Langfristige mittlere deutschlandweite Erwärmung unter den Bedingungen des Klimaschutz-Szenarios[*] bei 1,1 °C (2071 bis 2100).

---

[*] wissenschaftliche Klima-Modellierung basierend auf Annahmen, die der 2-°C-Obergrenze entsprechen.

LINKS Mangels Feuchtigkeit aufgerissene Erde. Ein mahnendes Extrembeispiel, wie trocken trocken wirklich sein kann.

RECHTS Auch wenn Rhododendren winterhart sind, solch frostige Überraschungen stecken bereits geöffnete Knospen nur mit Mühe weg.

- Langfristig mittlere deutschlandweite Erwärmung unter den Bedingungen des Weiter-wie-bisher-Szenarios[*] bei 3,8 °C.
- Insgesamt stärkere Erwärmung im süddeutschen Raum bei auffällig starker Erwärmung in den Alpen und im Alpenvorland (rapide fortschreitender Verlust von Dauereis).

Der komplette und jeweils aktuellste »Klimareport« ist jederzeit auf der Internetseite des DWD abrufbar unter: www.dwd.de/nationalerklimareport.
Die Webseite bietet eine umfangreiche und tiefenkompetente Datenaufbereitung der deutschlandweiten und auch der globalen Klimasituation.

»Die Projektionen von Klimamodellen lassen eine Zunahme solcher starkregenauslösenden Wetterlagen für die Zukunft vermuten. Die erlebten Sturzfluten können ein Vorgeschmack auf die Sommer in einer zukünftigen wärmeren Welt sein. Und mehr noch: Sie können an jedem Ort in Deutschland eintreten. Darauf müssen wir uns mit noch besseren Wettervorhersagen, mehr Eigenvorsorge der Bürger und einer neuen Kultur im Umgang mit Naturgefahren vorbereiten.«
Dr. Paul Becker, Vizepräsident des Deutschen Wetterdienstes (DWD), September 2016

---

[*] wissenschaftliche Klima-Modellierung basierend auf einer Welt, in der die Energieversorgung im Wesentlichen auf der Verbrennung fossiler Kohlenstoffvorräte beruht.

Quellen: Nationaler Klimareport 2016; Deutscher Wetterdienst, Offenbach am Main, Deutschland, 40 Seiten, Umweltbundesamt, Hg. (2015): Monitoringbericht 2015 zur Deutschen Anpassungsstrategie an den Klimawandel

GROSSE THEMEN BRAUCHEN
GROSSE AUFMERKSAMKEIT

Ohne die Mehrheit der Bevölkerung und wichtige Entscheider hinter sich und auf seiner Seite zu wissen, schaffen es selbst die besten Lösungsansätze nicht über den Status des Laborversuchs hinaus. Wir sind alle gefordert, um den Klimawandel zu meistern.

Dabei benötigen wir praktische und für alle sichtbare und nachvollziehbare Feldversuche. Und: Für die komplexe Herausforderung des Klimawandels gilt noch viel mehr: Tue Gutes und sprich darüber. Hier sind wir Gärtner mit unseren Feldversuchen im Garten ganz besonders gefragt. Welche Pflanzen meistern den Klimastress am besten? Welche Materialien sind am robustesten? Wie lassen sich ohne großen Aufwand

Ressourcen sparen? … Die Möglichkeiten über Erfolge und auch Misserfolge beim Gärtnern mit dem Klimawandel zu berichten sind mannigfaltig und fangen mit Gesprächen über den Gartenzaun an. Die Verbreitung von erfolgreichen Tipps und Kniffen verselbstständigt sich dann im besten Fall, wenn Sie die richtigen Multiplikatoren mit ins Boot holen. In der Partizipation, ganz gleich ob im Gespräch oder über entsprechende Foren und Plattformen, liegt ein wichtiger Schlüssel, für eine gute – eine grünere – Zukunft.

Es hat viel Kraft und einen langen Atem aller Klimaakteure der ersten Stunde gebraucht, um das Bewusstsein für den Klimawandel auch in der breiten Öffentlichkeit zu wecken und dabei die gesellschaftspolitischen und wirtschaftlichen Zusammenhänge nicht außen vor zu lassen. Schließlich braucht es einen konsequenten und raschen Kulturwandel (Vermeidung, Vernunft, Verzicht), um den Klimawandel erfolgreich zu bewältigen. Ausblenden und Verdrängen: nicht mehr möglich.

Zu welch bedeutsamer Rolle es der Klimawandel mittlerweile gebracht hat, zeigt ein Blick (zurück) auf die Eröffnungsfeier der olympischen Sommerspiele 2016 im brasilianischen Rio, in der dieser auf eindringlich-kreative Art und mit positiver Motivation und zentraler Rolle thematisiert wurde. In demonstrativer Einigkeit symbolisierten winzige Baumsetzlinge stellvertretend für die gesamte Menschheit, wie eine Antwort auf das menschengemachte Klimadrama aussehen kann: Grün. Und schon sind wir wieder in vertrautem Terrain – im Garten.

LINKS Ungewöhnlich, aber reizvoll. Der Klimawandel sorgt für neue Gartenbilder. Eine Win-Win-Situation, wenn wir uns darauf einlassen.

RECHTS Frühere Blüte, längere Vegetationsperiode. Jahresläufe mit vier eindeutigen Jahreszeiten: Geschichte. Zukunft? Alles bleibt anders.

EIN WICHTIGER MARKSTEIN –
KLIMAABKOMMEN PARIS 2015

Dass zur 21. Weltklimakonferenz COP21 (21st Conference of Parties) der Vereinten Nationen (UN) und 11. Treffen zum Kyoto-Protokoll (vom Dezember 1997) im späten 2015 ein verbindliches Abkommen zur Begrenzung der globalen Erwärmung (deutlich unter 2 °C, möglichst 1,5 °C im Vergleich zum vorindustriellen Temperaturniveau) verabschiedet wurde, ist ein Meilenstein von historischer Bedeutung. Das Klimaabkommen wurde im September 2016 auch von den USA und China, den beiden größten CO_2-Produzenten überhaupt, ratifiziert. Im Oktober 2016 folgte der nächste Meilenstein: Die Europäische Union (EU) hat mehrheitlich das Abkommen gebilligt. In der Bundesrepublik Deutschland sind die Bestimmungen und Festlegungen per Bundestagsbeschluss bereits im Juli 2016 eins zu eins übernommen worden, und nach langen Debatten seit November 2016 geltendes Recht – Basis für alle weiteren Klimaschutzgesetze in Deutschland. Der Ernst der Lage ist weithin und über Ländergrenzen hinaus erkannt. Nun müssen im rechtlich fixierten Rahmen Taten folgen. Das wird nach dem erneut wärmsten Jahr (2016) seit Beginn der Wetteraufzeichnungen vor 137 Jahren auch höchste Zeit. Experten der Weltorganisation für Meteorologie der UN (WMO) appellieren mit Nachdruck an uns alle: »Die Erde sendet wirklich deutliche Stresssignale aus, die CO_2-Emissionen müssen merklich und dramatisch abgesenkt werden!«

DARAUF MÜSSEN WIR UNS UND UNSERE GÄRTEN EINSTELLEN

- Gebietsfremde Pflanzen- und Tierarten.
- Neue Krankheiten & Schädlinge.
- Ungleichmäßige Witterung & Wetterphänomene.
- Mehr Hitze & Trockenheit.
- Mehr orkanartige Böen & heftige Stürme.
- Mehr Starkregen- & Hochwasserereignisse.
- Neue Klimawandel-Erkenntnisse aus Forschung & Wissenschaft.
- Spezialisiertes Pflanzen- & Gartenartikelangebot.
- Globalisierung & technischer Fortschritt im Eiltempo.

KLIMA? WETTER? WITTERUNG? WISSEN, WORÜBER WIR REDEN (MÜSSEN)

Es immer besser zu wissen, über was und in welcher Tonlage man redet. Da im Laufe dieses Buches die nachfolgenden Begrifflichkeiten immer wieder auftau-chen, finden Sie hier eine knappe Definition aus wis-senschaftlicher Sicht – aber mit garantierter Allgemein-tauglichkeit.

Klima

Joachim Blüthgen und Wolfgang Weischet definieren es in »Allgemeiner Klimageographie« (3. Auflage, 1980, S. 5) wie folgt: »Klima ist die für einen Ort, eine Land-schaft oder einen größeren Raum typische Zusam-menfassung der erdnahen und die Erdoberfläche beeinflussenden atmosphärischen Zustände und Wit-terungsvorgänge während eines längeren Zeitraumes in charakteristischer Verteilung der häufigsten, mitt-leren und extremen Werte.«

Von der WMO (meteorologische Fachorganisation der UNO) wird als genügend lange Zeit eine Zeitperiode von ungefähr 30 Jahren erachtet, um eine statistische Datensicherheit zu gewähren.

Wetter

Am treffendsten bringt es wohl die Definition des Meteorologen Hans Häckel auf den Punkt: »Unter Wet-ter wird der augenblickliche Zustand der Atmosphäre über einem bestimmten Ort zu einer bestimmten Zeit verstanden.« (Hans Häckel, »Meteorologie«, 1999, S. 293)

Der gerade herrschende atmosphärische Zustand wird in Wetterkarten (Boden- und Höhenwetterkarten) dar-gestellt. Als Wetterlagen bezeichnet man die zusam-mengefassten meteorologischen Erscheinungen unter Beachtung der atmosphärischen Dynamik über einem räumlich größeren Raum.

LINKS Wunderschön gefärb-ter Rot-Ahorn (*Acer rubrum* 'October Glory'). Eine Art, die den Herausforderungen des Klimawandels gewachsen ist.

RECHTS Kein schöner An-blick, auf den wir uns jedoch, nicht nur in unmittelbarer Gewässernähe, vermehrt einstellen müssen.

Witterung

Darunter versteht man die Schnittmenge der für die jeweilige Jahreszeit typischen, gut abgrenzbaren atmosphärischen Zustände in einem (über mehrere Tage beobachteten) definierten Gebiet.

WORAN LÄSST SICH DER KLIMAWANDEL ERKENNEN?

Ein Blick respektive ein Gang in den Garten genügt, um zu erkennen, »dass es früher anders« war, es sich zumindest so anfühlt. Denn Natur und Umwelt, und damit auch unsere Gärten, scheinen aus ihrem gewohnten Takt. Dass sie es sind, zeigt der Blick auf die Wetterstatistiken und der Verlauf der letzten zehn Gartenjahre. Gab es darunter ein «normales Jahr»? Kaum. Zusammengefasst zeigt sich der voranschreitende Klimawandel an folgenden Wetterphänomenen:

- Heißere und trockenere Sommer.
- Generell wärmere Jahresverläufe.
- Kaum voneinander trennbare bzw. ineinander übergehende Jahreszeiten.
- Auffallende Häufung von Starkregenereignissen.
- Mehr Stürme von orkanartiger Stärke.
- Oftmals sehr milde, wenig kalte Winter.

Unser Wetter zeigt sich zunehmend als großes Durcheinander mit verstärkter Neigung zum Extremen und stresst uns und unsere Gärten gleichermaßen. Sorgenfalten vorprogrammiert. Vor allem die Verschiebung der Jahreszeiten kombiniert mit kurzzeitigen Extremereignissen sorgt für Stress pur. Flora und Fauna und wir Menschen tun uns schwer, uns auf die geänderten Jahresverläufe einzustellen. Die Anpassung daran ist ein langwieriger Prozess, der uns alle fordert und den wir aber auch aktiv unterstützen können. Vermeiden sollten wir Kurzschlusshandlungen. Besser ist es, die allmähliche und unumkehrbare Veränderung des Garteninventars, also der Pflanzen, und auch der Grundgestaltung und die Gartenpraxis an sich zu akzeptieren. Seien Sie offen für Neues und bereit, die Selbstverwirklichung und Überhöhung von Natur und Landschaft im Garten auf ein vernunftorientiertes Maß zu bringen. Das erspart Ihnen viel Ärger, Frust und ist definitiv bequemer, als gegen die Natur anzugärtnern.

Regen – kein Problem für die meisten Blütenstars. Starkregen indes schon! Regenfestigkeit bestimmt zukünftig die Pflanzenwahl.

NATÜRLICHER ODER ANTHROPOGENER TREIBHAUSEFFEKT?

Der Treibhauseffekt entsteht durch von der Erde abgegebene Wärmestrahlung – infolge der Sonneneinstrahlung –, die von der Atmosphäre absorbiert wird. Dies ist ein ganz natürlicher Vorgang, der das Leben auf der Erde erst möglich macht. Würde die Wärmestrahlung ungefiltert wieder in den Weltraum gelangen, unsere Erde wäre ein Eisplanet.

Der menschliche Einfluss hat in den letzten 150 Jahren diesen natürlichen Treibhauseffekt allerdings in einem Maß verstärkt, dass eine Überhitzung droht. Verantwortlich dafür ist eine überproportional hohe Konzentration von Treibhausgasen wie Kohlendioxid (CO_2) und Methan (CH_4) als Folge von intensiver Landnutzung, Indus-

trie und Ressourcenbeanspruchung. Sie alle sorgen dafür, dass die Erde ihr Temperaturgleichgewicht (ca. 15 °C im globalen Mittel) zu verlieren droht.

Ein Wandel, der uns alle betrifft

Eine Rückfahrkarte in »die gute alte Zeit« kann und wird es nicht geben. Der Klimawandel ist da und unumkehrbar. Wir alle sind gefragt, die Verantwortung für unser Handeln, Tun und Lassen zu übernehmen. Es gilt, den »ökologischen Fußabdruck« so gering wie möglich zu halten und dadurch das Voranschreiten des Klimawandels so gut wie möglich auszubremsen. Umkehrbar ist der Klimawandel nicht, was jedoch veränderbar ist ist unser Verhalten. Die folgenden Maßnahmen helfen dabei, dass der ökologische Fußabdruck beim Gärtnern so gering wie möglich bleibt:

- Angebautes Obst und Gemüse verwerten oder in Umlauf bringen (verschenken, verkaufen, teilen).
- Gartenarbeiten (z. B. Rasenmähen) reduzieren.
- Besorgungen und Einkäufe bündeln.
- Clever gärtnern, also Bewässerungsstrategien anpassen, mehr Mischkulturen anbauen und Pflanzen selbst vermehren und überwintern.
- Seien Sie ehrlich zu sich selbst: Beschränkung aufs Wesentliche ist das Stichwort!
- Treibhausgas-Emissionsquellen wie offene Feuer auf ein Mindestmaß reduzieren.
- Entsorgen Sie Problemstoffe fachgerecht.
- Gründüngung forcieren, Komposterde nutzen.
- Handarbeit anstatt elektrisches Gartenwerkzeug.
- Heimische Fauna und Nützlinge fördern.
- Pflanzenreste und Schnittgut häckseln und kompostieren, nicht verbrennen.
- Regionale und langlebige Materialien verwenden, wiederverwenden anstatt entsorgen.
- So oft wie möglich das Auto stehen lassen; Laufen, Fahrradfahren und die Nutzung von Bus und Bahn sind gesünder bzw. umweltverträglicher.
- Sonnenenergie für Beleuchtung und Gartengerätschaften nutzen.
- Stressfeste Pflanzen bevorzugen, auf standortfremde Arten verzichten.
- Töpfe und Gefäße wiederverwenden, anstatt immer wieder neu zu kaufen.
- Verzicht auf energieintensiven Luxus, z. B. Heizstrahler.
- Wasser sparen (Regenwasser sammeln und nutzen).
- Weitestgehender Verzicht auf Pflanzenschutzmittel.
- Wenn möglich einen eigenen Brunnen oder eine Quelle als Wasserquelle nutzen.

Klimawandel – purer Stress für Flora und Fauna … und Gärtner?

- Der Klimawandel findet statt, Punkt! Zeit umzudenken und Gärten und Gärtnern neu zu denken!
- Die »Invasion« von gebietsfremden Pflanzen und Tieren führt zu Verdrängungen von etablierten

Pflanzenbeständen durch deren »strategische Überlegenheit«.
- Überproportionale Zunahme an Pflanzenkrankheiten, teilweise mit Vernichtung ganzer Bestände in kürzesten Zeiträumen.
- Erhöhtes Windbruchrisiko durch häufige und heftige Stürme. Dies verändert etablierte Gehölzbestände im sensiblen Kronen- und Starkastbereich; Jungbäume sind nur mit fachgerechter Stammfixierung oder Ballenverankerung anwachsfähig.
- Extrem lange Trockenheitsphasen zehren die Böden aus und erschöpfen den Wasser-Nährstoff-Haushalt von Pflanzen und Tieren.
- Spezialisten und Nischenkünstler setzen sich gegenüber Alleskönnern und Multifunktionstalenten durch.
- Überdimensionale Regenmengen durch sintflutartige Starkregenereignisse lassen Böden erodieren, Hänge abrutschen und vernichten durch unbändige Wasserkraft ganze Pflanzenbestände und damit unzählige Lebensräume der heimischen Fauna.
- Unvorhersehbare und wechselnde Witterungsverläufe mit lokalen Wetterextremen beinahe »apokalyptischen« Ausmaßes bringen den Lebensrhythmus und die Lebenszyklen der heimischen Flora und Fauna zum Teil komplett durcheinander.

ÜBERRASCHUNGEN VERMEIDEN – WETTER CHECKEN

Warum sich von Regen, Hitze oder Sturm überraschen lassen, wenn man sich doch – zumindest im Rahmen der Großwetterlagen – mit einigen wenigen Handgriffen (»Klicks«) umfassend über Wetter und Witterung informieren kann? Ein Blick auf relevante Portale im Internet oder vielleicht auch auf die eigene Wetterstation gehört zum ABC jedes klimafitten Gärtners. Einen besonderen Service bietet mit dem »Gartenwetter« der Deutsche Wetterdienst (DWD) in Zusammenarbeit mit der Deutschen Gartenbau-Gesellschaft 1822 e.V. (DGG). Dort gibt es kostenfreie und tagesaktuelle Information über die jeweilige Wettersituation sowie ergänzende, wetterbezogene Gartentipps.

Zukunftsfähige Natürlichkeit: Pflanzen (hier u. a. Prachtkerze und Salbei) und Materialien, die Wetterstress problemlos meistern.

LOCKER BLEIBEN UND GESCHEHEN LASSEN

Keine Sorge, bis zur nächsten Hitzewelle, dem nächsten heftigen Sommergewitter und erst recht dem nächsten kräftigen Sturm werden Sie nicht lange warten müssen. Auch nicht auf die entsprechenden Vorhersagen über das Wann und die Heftigkeit der unliebsamen Wetterphänomene. Sicher ist nur: Sie werden kommen und das meist überraschend und ohne vorherige Ansage sowie mit überraschender Heftigkeit. Genau aus diesem Grund sollten Sie vor allem eines vermeiden: Panik.

Wesentlich vernünftiger und effektiver ist es, den Garten und seine Ausstattung auf die zunehmende Häufung der stressenden Klima-und-Wetterereignisse auszurichten. Richten Sie den Blick auf die saisonalen Großwetterlagen und treffen Sie die daraus resultierenden Vor-

kehrungen. Dabei immer mit der Gelassenheit im Bewusstsein, dass schon bald wieder Postkartenwetter herrscht und Sie sich genau auf dieses freuen können. Lassen Sie sich nicht die Gartenlust von heraufziehendem Wetterunheil nehmen.

DER ÖKOLOGISCHE FUSSABDRUCK

Wir alle hinterlassen durch unsere Lebensaktivitäten Spuren auf der Welt. Spuren, die bleiben und die die gesamte Bandbreite der Ressourcen unseres Planeten beanspruchen. Aus den Feldern Ernährung, Wohnen, Mobilität und Konsum ergibt sich der »ökologische Fußabdruck«, den die Wissenschaftler Mathis Wackernagel und William Rees in den 1990er-Jahren entwickelt haben und der als Buchhaltungssystem für die Umweltressourcen der Erde verstanden werden soll. Seit 2003 dient das von Wackernagel gegründete

Gärten »klimafit« zu machen bedeutet nicht, auf Design und Luxus zu verzichten, sondern Ressourcen bewusst einzusetzen.

Global Footprint Network dafür als wichtiger Datenlieferant und Impulsgeber. Unterm Strich ergibt sich die spezifizierte Biokapazität der Erde, um die es zunehmend schlechter bestellt ist. Um es deutlich zu sagen: Wir leben auf Pump, denn wir verbrauchen mehr Ressourcen, als uns die Erde bieten kann.

Den »ökologischen Fußabdruck« durch ökologisch, ökonomisch und gesellschaftlich vernünftiges Handeln möglichst klein zu halten, ist im Sinne der Erhaltung unserer Lebensgrundlage – der Erde – eine Pflichtaufgabe für uns alle. Sie gilt im Besonderen für das Gärtnern, denn Gärten beanspruchen eine Menge natürliche Ressourcen, um unseren Ansprüchen gerecht zu werden. Besonderes Augenmerk richtet sich dabei auf die Vermeidung des CO_2-Ausstoßes, denn der »ökologische Fußabdruck« wird fast zur Hälfte vom Kohlenstoffdioxid fossiler Energien ausgemacht. Der »CO_2-Fußabdruck« ist daher die entscheidende Stellschraube, um in puncto Biokapazität wieder auf die Habenseite zu kommen. Versuchen wir also, uns sinnbildlich mit leisen Sohlen und entspanntem Gang im Garten zu bewegen, anstatt im Streben nach Schneller, Höher, Weiter unsere Lebensgrundlage zu zerstören.

INTERESSANTE WEBSEITEN
- Gartenwetter des DWD
  www.dwd.de
- CO_2-Rechner des Umweltbundesamtes
  uba.co2-rechner.de
- Global Footprint Network (GFN)
  www.footprintnetwork.org

KLIMAMODELLE

Ohne komplexe Klimamodelle sind keine fundierten Kenntnisse zum Klimawandel mit allen seinen Folgen und keine Lösungsansätze oder Anpassungsstrategien möglich. Seit den 1970er-Jahren nutzen Forschung und Wissenschaft bestimmte Faktoren, wie das weltweite Bevölkerungswachstum, die ökonomische und soziale Entwicklung, technologische Veränderungen, Ressourcenverbrauch oder Umweltmanagement, um möglichst genaue Klimaszenarien (Klimaprojektionen) zu generieren, die zur Abschätzung von potenziellen Ereignissen und zur Bewertung und Nivellierung von Risikofaktoren dienen.

Diese Klimaszenarien treffen Aussagen darüber, wie sich der Ausstoß von Treibhausgasen und folglich die Konzentration von Treibhausgasen in der Atmosphäre entwickeln werden. Die meisten aktuellen Klimaprojektionen basieren auf den SRES-Emissionsszenarien des Intergovernmental Panel on Climate Change (IPCC).

Mit Klimamodellen können mögliche Entwicklungen des Klimas auf Basis von Annahmen über zukünftige Emissionen von Treibhausgasen (Emissionsszenarien) oder über deren künftige Konzentration in der Atmosphäre (Konzentrationsszenarien) simuliert werden. Wahrlich komplex, aber Klimamodelle sind eminent wichtige »Tools«, die stets Detailierung und Weiterentwicklung erfahren.

WICHTIGE BEGRIFFE – FACHTERMINOLOGIE

- **Indigene Arten:** ursprünglich einheimische Arten, die aus eigener Kraft eingewandert oder vor Ort entstanden sind (lat.: indiges = eingeboren; Altgriech.: autós = selbst und chthōn = Erde).
- **Invasive Arten:** Neobiota, die sich invasionsartig ausbreiten und dominant werden (lat. invadere = hineingehen).
- **Neobiota:** Überbegriff für neu eingebürgerte Lebewesen seit der Entdeckung Amerikas 1492 (griech.: bios = Leben, Lebewesen).

- **Neophyten**: Neu eingebürgerte Pflanzenarten (griech.: phyton = Pflanze).
- **Neozoen**: Neu eingebürgerte Tierarten (griech.: zoo = Kreatur, Tier).

DIE WICHTIGSTEN MASSNAHMEN FÜR KLIMAFITTE GÄRTEN AUF EINEN BLICK

- Alltagstaugliche Beschattung installieren.
- Befestigte Flächen reduzieren, auflockern bzw. in teil- und unbefestigte umwandeln.
- Flachdächer wenn möglich begrünen.
- Gemüseanbau von der Fläche in Hochbeete verlagern und generell Mischkulturen vollziehen.
- Große Hangbereiche befestigen (dabei regionale Materialien wählen) oder/und bepflanzen.
- Eine leicht erreichbare Kompoststelle anlegen.
- Klassische, pflegeaufwendige Gartenpflanzen Stück für Stück durch »neue Schönheiten« ersetzen (siehe Porträtteil ab S. 100).
- Möglichst ökologisch gärtnern, um Artenvielfalt zu erhalten und zu fördern.
- Obstbäume brauchen viel Wasser und Pflege; daher auf ein Mindestmaß beschränken – am besten nur für den Eigenverbrauch.
- Pflanzen nicht übermäßig pflegen und auf Perfektion verzichten, sondern wieder mehr auf die natürliche Dynamik setzen.
- Pflanzenexoten und »neue« Sorten erst einmal nur in Töpfen und Kübeln kultivieren und ihre Entwicklung stets im Blick haben.
- Pflanzflächen mit einer dünnen Mulchschicht versehen, das hält den Boden feuchter.
- Pflanzungen auf mehreren Ebenen, also Unterpflanzungen von Solitärgehölzen, durchgestufte Pflanzflächen usw., um Ressourcen voll auszunutzen und die Bioproduktivität, Wasseraufnahmefähigkeit des Gartens etc. zu erhöhen.
- Nistmöglichkeiten für Tiere aufstellen.
- Rasenflächen zugunsten pflegeleichter Bodendecker- und Teppichpflanzungen sowie extensiver Stauden- und Gräserflächen verkleinern.
- Regelmäßiger Gehölzschnitt von Solitärgehölzen, um gefährlichem Wind- und Schneebruch vorzubeugen; evtl. Kronensicherung bei alten, knorrigen Gehölzen.
- Regentonnen und -sammler aufstellen.
- Emfindliche Kulturen durch Netze schützen.
- Staudenbeete ausdünnen und extensivieren.
- Überflutungsbereiche anlegen: Mulden und Versickerungsbereiche schaffen, dabei auch die Dachflächen beachten.
- Wetterfeste Unterstellmöglichkeit für Ausstattung und Mobiliar schaffen.
- Windbarrieren wie Hecken auch innerhalb des Gartens anlegen.

LINKS Gerade flachwurzelnde Baumarten, wie hier eine samt Wurzelteller niederliegende Birke, sind Stürmen fast schutzlos ausgeliefert.

RECHTS Mehr Spontanität und Natürlichkeit anstatt Perfektionismus und Präzision! Rousseaus »Zurück zur Natur!« wird wieder Leitmotiv.

KLIMAWANDEL – MEHR ALS WETTERPHÄNOMENE

Wenn es »nur« das Wetter wäre … der Klimawandel beschert uns ein regelrechtes Füllhorn an neuen und ernst zu nehmenden Gartenplagen, obendrein eine Schar konkurrenzstarker Pflanzen, die schlichtweg mit den sich veränderten Standortbedingungen »mitreisen«. Der Klimawandel ist Synonym für Veränderung auf allen Ebenen und damit auch im Garten eine komplexe Herausforderung. Schon das Einwirkungen auf etablierte Prozesse und an sich in den Griff zu bekommende Stressfaktoren stellt uns vor echte Schwierigkeiten.

Prominentes Beispiel aus jüngster Vergangenheit: der zum Teil flächendeckende Befall mit Falschem Mehltau an Abertausenden Weinreben, die daran teilweise sogar zugrunde gingen. Die Wetterturbulenzen im Jahr 2016 haben den etablierten Beständen in einem Maß zugesetzt, dass Totalausfälle, vor allem im ökologisch

betriebenen Weinbau unausweichlich waren. Ein einziges zu feuchtes und unstetes Frühjahr genügte. Die Anforderungen an die Winzer werden nicht kleiner.

Aufgrund der höheren Durchschnittstemperaturen, einhergehend mit zum Teil deutlichen Verschiebungen im Jahresverlauf, sehen wir uns zunehmend mit »Exportschlagern« konfrontiert, die überwiegend aus dem südlichen Europa zu uns einwandern. Zu besonderer Prominenz haben es hierbei die Ambrosie und der Japanische Staudenknöterich gebracht.

Und wären die wetterbezogenen Wanderungsbewegungen nicht schon Garant genug für stressige Gartenjahre, so sorgen wir – durch häufiges Reisen in ferne Regionen und die globalen Wirtschaftskreisläufe – auch noch selbst aktiv dafür, dass quasi im Huckepackprinzip der Nachschub an (eingeschleppten) Pflanzen und Tieren (Neophyten/-zoen) nicht abreißt. Der ein

oder andere Exot, wie beispielsweise der Asiatische Laubholzbockkäfer, kam per Schiffscontainer in Holzkisten und Paletten in unsere Breiten … stimmen dann auch noch die klimatischen Voraussetzungen, können eigentlich gebietsfremde und invasive Arten rasch zu heimischen (indigenen) werden. Der Super-GAU für Biodiversität und das gesamte Ökosystem! Die genaue Auseinandersetzung mit »dem großen Krabbeln« finden Sie ab S. 78.

EXPERTISEN AUS GARTENPRAXIS SOWIE FORSCHUNG UND WISSENSCHAFT

Ohne global operierende, breit aufgestellte Experten aus allen Bereichen der Naturwissenschaften sowie Akteure im gesellschafts- und wirtschaftspolitischen Diskurs würden wichtige Grundlagen und Lösungsansätze zur Bewältigung des Klimawandels fehlen. Ganz wichtig: der offene Blick über den eigenen Tellerrand, in diesem Fall den Gartenzaun.

Die folgenden Institute, Forschungseinrichtungen und staatlichen Stellen im deutschsprachigen Raum stellen relevante Daten, Ergebnisse und leicht zugängliche Informationsangebote zur Verfügung, die Sie mit wichtigem Know-how und How-to in puncto Klimawandel versorgen. Eine essentielle Grundlagenarbeit, die in diesem Buch in einen gärtnerischen Kontext gestellt wird, denn ohne eine wissenschaftliche Tiefe wären schlüssige Argumentationsketten nicht möglich.

An dieser Stelle daher eine Bitte: Es wäre geradezu fahrlässig und töricht, diese wichtigen Daten und frei zugänglichen Informationen nicht zur Analyse Ihrer individuellen Ausgangssituationen zu nutzen. Fragen und Erkundigen kostet nichts!

LINKS So knuffig-putzig der Waschbär auch erscheinen mag, der Neubürger ist ein ernster Konkurrent für die heimische Fauna.

RECHTS So klimafest und attraktiv der Sommerflieder auch ist, als invasiver Neophyt bringt er die heimische Flora aus dem Gleichgewicht.

AM PULS DER ZEIT – IGA BERLIN 2017

Internationale Gartenausstellungen (IGA) waren schon immer besonders und das prominenteste Schaufenster der Gartenbranche. Kein Gartenevent besitzt mehr Strahlwirkung. Die IGA Berlin 2017 ist in ihrer thematischen Breite und inhaltlichen Tiefe sowie explizit nachhaltig-ökologischen Grundhaltung mit gesamtgesellschaftlicher Verantwortung zweifelsohne die richtige Großveranstaltung zur richtigen Zeit. Der offensive und mutige Umgang mit den Herausforderungen unserer Zeit, die Generationenaufgabe Klimawandel, und entsprechend progressiv ausgerichtete Garten-Landschafts-Gestaltungen, bedürfen keiner gesonderten Aufforderung zum Besuch. Pflichttermin!

Darüber hinaus gibt es eine Vielzahl engagierter Naturschutzvereine und -verbände und anderer Nichtregierungsorganisationen, die sich über Interesse und eine Unterstützung ihrer Arbeit sehr freuen, denn der Klimawandel betrifft uns alle!

- Bayrische Landesanstalt für Weinbau und Gartenbau (LWG), Veitshöchheim
- Biodiversität und Klima Forschungszentrum (BiK-F), Frankfurt am Main
- Bundesamt für Naturschutz (BfN), Bonn
- Bundesministerium für Umwelt, Naturschutz, Bau und Reaktorsicherheit (BMUB), Umweltbundesamt, Dessau-Rosslau
- Bundesverband Garten-, Landschafts- und Sportplatzbau e.V. (BGL), Bad Honnef
- Deutsche Gartenbau-Gesellschaft 1822 e.V. (DGG), Berlin

- Deutsches Institut für Urbanistik gGmbH (Difu), Köln
- Deutscher Wetterdienst (DWD), Offenbach am Main
- Eidgenössische Forschungsanstalt für Wald, Schnee und Landschaft WSL, Birmensdorf, Schweiz
- Friedrich-Alexander-Universität Erlangen-Nürnberg, Department Biologie, Lehrstuhl für Biochemie, Erlangen
- Humboldt-Universität Berlin, Albrecht Daniel Thaer-Institut für Agrar- und Gartenbauwissenschaften
- Julius Kühn-Institut (JKI), Bundesforschungsinstitut für Kulturpflanzen, verschiedene Standorte
- Leibniz-Zentrum für Agrarlandschaftsforschung (ZALF) e.V., Müncheberg
- Sächsisches Staatsministerium für Umwelt und Landwirtschaft (SMUL), Landesamt für Umwelt, Landwirtschaft und Geologie (LfULG), Dresden
- Technische Universität Berlin, Institut für Landschaftsarchitektur und Umweltplanung (ILaUP)
- Technische Universität Dresden, Fakultät Architektur, Institut für Landschaftsarchitektur, Lehr- und Forschungsgebiet Pflanzenverwendung
- Technische Universität München, verschiedene Fakultäten
- Zentralanstalt für Meteorologie und Geodynamik (ZAMG), Wien, Österreich

STATEMENT MIT SIGNALWIRKUNG
Der Klatschmohn *(Papaver rhoeas)* ist »Blume des Jahres 2017«. Der Symbolgehalt könnte kaum höher sein! Mit dieser Wahl setzt die Loki-Schmidt-Stiftung ein deutliches Zeichen, legt den Finger ganz unmissverständlich in die Wunde.

LINKS Halsbandsittiche erweitern entlang milder Flusstäler ihren Lebensraum und werden dabei zur Gefahr für unser Ökosystem.

RECHTS Ein immer seltener werdender Anblick: farbenfrohe Sommerwiese mit den typischen Protagonisten der heimischen Ackerkrautflora.

Jeder kennt und erkennt ihn, den leuchtend rot auf jedem Acker blühenden Klatschmohn. Auf jedem Acker? Das traurige Gegenteil ist bittere Realität: Der uns so vertraute Klatschmohn ist in ernster Gefahr, droht in einigen Regionen sogar ganz aus dem Landschaftsbild zu verschwinden. *Papaver rhoeas* steht sinnbildlich für die bunte Vielfalt der einheimischen Ackerwildpflanzen – die es in ihrer großen Bandbreite unbedingt zu erhalten gilt. Gemessen an ihrem Flächenanteil bildet die genügsame und vielgestaltige Ackerkrautflora eines der wichtigsten Ökosysteme Deutschlands.

Eine Landwirtschaft im industriellen Maßstab mit moderner Maschinentechnik und übermäßigem Spritzmitteleinsatz hat in den letzten Jahrzehnten zahlreiche hochspezialisierte Ackerwildpflanzen an den Rand des Aussterbens gedrängt. Der Geschäftsführer der Loki-Schmidt-Stiftung, Axel Jahn, formuliert es unmissverständlich: »Eine ganze Lebensgemeinschaft, die uns seit Tausenden Jahren begleitet, droht zu verschwinden.« Als direkte Folge gehen lebenswichtige Nahrungsquellen für Bienen, Schmetterlinge und andere Insekten unwiederbringlich verloren.

Doch der Klatschmohn wäre nicht einer der anpassungsfähigsten und gleichsam attraktivsten wie faszinierendsten Pflanzen, wenn er sich nicht schon längst neue Nischen, Quartiere und Reviere gesucht hätte. Brachflächen und Schutthalden – und Gärten!

Der raffinierte Kulturfolger zeigt uns, wie wir mit Veränderungen, seien sie selbst verschuldet (»menschgemacht«) oder nicht, umgehen sollten: lösungsorientiert und bereit, neue Wege zu beschreiten. Auch aus dieser Perspektive trägt der Klatschmohn seine Auszeichnung zu Recht.

Gartenpraxis im Klimawandel

DIE HÄNDE ÜBER DEN KOPF ZUSAMMENSCHLAGEN, WEIL MIT DEM KLIMA AUCH DAS
GÄRTNERN IM HERKÖMMLICHEN SINNE IM WANDEL BEGRIFFEN IST, KANN NICHT DIE
LÖSUNG SEIN. VIELMEHR ERFORDERT DER KLIMAWANDEL EINEN BLICK NACH VORN.
EIN NEUES BEWUSSTSEIN FÜR NATUR UND UMWELT IST GEFRAGT.

»Zurück zur Natur!« heißt die Devise wieder. Uns bleibt schlichtweg kein anderer Weg, als uns in unserem gärtnerischen Tun so gut wie möglich an den Takt der Natur anzunähern. Erst Recht gilt das für das Lassen!

Die Grundstrategien für einen erfolgreichen, machbaren Weg mit dem Klimawandel bestehen aus bewusstem Vermeiden und Zurücknehmen und bewusstem Agieren und Handeln. In einem neu definierten und aktiv forcierten Bewusstsein für Natur und Umwelt liegt der Schlüssel. Drei Codes öffnen die Pforte zum Garten der Zukunft: Bewusstsein, Cleverness, Nachhaltigkeit. Anfangen müssen wir alle bei uns selbst, die Bilder im Kopf müssen neu sortiert werden, manche (müssen) verschwinden, neue kommen hinzu.

GÄRTNERN MIT – NICHT GEGEN DEN KLIMAWANDEL

Wir rüsten uns mit dem nötigen Hintergrundwissen, perfektionieren unser Handwerk und nehmen mit ein paar taktischen Manövern dem Klimawandel einfach so viel Wind wie möglich aus den Segeln. Hört sich gut an … und nur so gelingt uns der »Deal« mit der Natur, für den wir letztlich verantwortlich zeichnen.

Nachdem Jean-Jacques Rousseau im 18. Jahrhundert mit seiner machtvollen Versinnbildlichung »Zurück zur Natur!« schon einmal überdeutlich, wenn auch aus anderen Motivationen heraus die Ausrichtung der Welt an ihrem Grundschlag – der Natur – einforderte, so ist seine Losung für das 21. Jahrhundert ganz besonders aktuell. Sie potenziert sich noch um ein Vielfaches, ja wird zur obersten Gärtnerpflicht, um den Klimawandel überhaupt meistern zu können.

Notwendige Anpassungsstrategien
- Besser und umfassender informieren.
- Fakten aus Forschung und Wissenschaft nicht ignorieren.
- Gärtnern am Takt der Natur orientieren.
- Gute Dinge kopieren.
- Natürliche Pflanzengesellschaften imitieren, sie sind das beste Vorbild.
- Neue Arten und Sorten ausprobieren.
- Rückschläge tolerieren.
- Veränderungen akzeptieren.

Den eigenen Garten neu definieren

Den Weg »Zurück zur Natur!« müssen wir gar nicht gehen. Vielmehr müssen wir der Natur ein ganzes Stück entgegengehen. Miteinander anstatt gegeneinander. Dazu sollten wir auch bereit und offen sein, unsere Vorstellung vom Garten und die Ansprüche an diesen neu zu denken beziehungsweise am Status quo von Umwelt und Natur auszurichten.

Einfach so weiterzugärtnern wie bisher, auf die bewährten Arten und Sorten zu setzen, die gleichen Gestaltungskonzepte immer und immer wieder anzuwenden, das kann und wird nicht funktionieren. Es gilt nicht, dem Klimawandel sprichwörtlich hinterher zu

LINKS Ein Bild aus alten Tagen. Für die Zukunft muss es heißen: weniger Perfektion, Rasen und pflegeintensive Bepflanzung.

RECHTS Design und Funktion treffen auf lockere Natürlichkeit. Sonnen- und Windschutz und Attraktion in einem. Zukunftstauglich.

gärtnern, sondern ihn im Zusammenklang mit der Natur als Chance zu sehen und zu bewältigen. Nüchtern betrachtet hilft uns der Klimawandel sogar, die alten, ausgetretenen Pfade zu verlassen – neue Wege und Stellschrauben zu finden. Die Bewältigung des Klimawandels beginnt also mit dem Hinterfragen des eigenen Gartenverständnisses und der Suche nach den persönlichen Möglichkeiten, sich dem Faktum Klimawandel mit gutem Gewissen zu stellen.

Um dem Klimawandel mit Verstand und Anspruch zu begegnen, genügt es nicht, hier und da ein paar Abstriche bei der Pflanzenvielfalt hinzunehmen oder auf besondere Details zu verzichten. Die Vermeidung von Kohlenstoffdioxid (CO_2) beginnt für Gärtner schon bei der Planung, vom alltäglichen Gartenbetrieb ganz zu schweigen.

Muss es wirklich eine 50 m² große Terrasse aus Tropenhölzern oder indischen oder brasilianischen Natursteinplatten sein? Müssen es wirklich englische Staudenborder, monotone Edelrosenbeete oder ein ressourcen- und pflegeintensiver Englischer Rasen sein? Müssen es wirklich immer neue Materialien und frischen Ressourcen sein? Vielleicht braucht es auch keinen »Englischen Rasen« mehr im Garten? Vielleicht lassen sich etliche Wege von, zu und für den Garten auch mal mit dem Fahrrad oder zu Fuß bewältigen, anstatt den bequemen PKW zu nutzen? Vielleicht verzichten wir zugunsten der natürlichen Vielfalt einfach mal auf eine aufgeräumte Optik und lassen Pflanzenschutzmittel gleich ganz aus dem Spiel? Vielleicht sollten wir den Garten nicht als von der Umwelt abgekoppeltes »Stück heile Welt« betrachten, sondern als Teil des Ganzen wahrnehmen, seine Chancen und Potenziale explizit fördern?

Gemeinsam klimafit werden

Wir können auch gar nicht anders, als unseren Garten so gut wie möglich klimafit zu trimmen, ihn von innen heraus an die Welt vor Hecke, Gartenzaun und Mauer bestmöglich anzupassen. Wir müssen reagieren und

agieren zugleich. Unser Garten muss anpassungsfähiger und robuster, ja, ein ganzes Stück ehrlicher zur Klimawirklichkeit werden. Mehr trockene Hitze, heftigere Niederschläge, stärkere Wind- und Wetterereignisse, die merkliche Verschiebung der Jahreszeiten, das Auftreten neuer Schädlinge und Krankheiten, ein rapider Artenschwund ob des Verlustes an Lebensräumen … die leichthin als Wetterphänomene bezeichneten Auswirkungen des Klimawandels zwingen uns zu raschem Handeln.

Aktionismus ist dabei fehl am Platz. Vor allem wir, als Gärtner müssen langfristiger, vor allem über das Gartenjahr hinausdenken, planen und gärtnern.

Schließlich können wir mit unseren Gärten für eine sich selbst genügende Welt sorgen. Ein Garten, der die natürlichen Ressourcen optimal nutzt, sich in seiner Artenzusammensetzung und seinen Möglichkeiten an den vorhandenen Begebenheiten und Möglichkeiten orientiert, sich also nicht über die umliegende Natur und Landschaft erhebt, für den ist der Klimawandel zwar ebenfalls eine große Herausforderung. Aber: Sie ist zu meistern. Mit gutem Gewissen und angetrieben vom Rhythmus der Natur.

VERSCHIEBUNGEN IM JAHRESLAUF

Wir Gärtner wissen uns doch immer irgendwie zu helfen, auch wenn so manch genialer Kniff eher ein Kind des Zufalls ist? Genau, und daher sollten wir uns auch vom Klimawandel nicht in die Defensive drängen lassen, sondern ihn als Herausforderung und Chance sehen.

Nanu, ist schon Frühling? Ein blühender Apfelbaum – aus meteorologischer Sicht – mitten im Winter? Leider keine Seltenheit mehr, und für uns schon zu Jahresbeginn der erste kleine Schock. Quasi ein Frostschock, wenn der Winter eben doch noch nicht vorüber ist.

IM RHYTHMUS DER JAHRESZEITEN = DAS WAR EINMAL

Schaut man sich die Verläufe die letzten Jahre an, stellt man rasch fest: So richtig passt es nicht mehr mit der klassischen Abfolge von Frühling, Sommer, Herbst und Winter. Entweder zu früh oder spät im Jahreslauf, zu heiß oder kalt bezogen auf die statischen Temperaturmittel, zu nass oder trocken im Verhältnis zum Normalen, obendrein sind erkennbare Übergänge kaum noch auszumachen. Die Jahreszeiten fühlen sich schon anders an, als man meint, wie ein normaler Jahresverlauf in geordneter Jahreszeiten-Abfolge sich darstellen würde. Da aber Ausnahmen die Regel bestätigen, »schummelt« sich alle paar Jahre ein Quäntchen Normalität in die Jahresverläufe und plötzlich scheint der gewohnte natürliche Takt wieder im richtigen Rhythmus zu verlaufen. Mit einem »echten« Winter konnte etwa das Jahr 2012 glänzen, in dem es noch bis Ende März frostig war. Der Frühling startete dann pünktlich im April …

Dass aber das Normale extra herausgestellt werden muss, zeigt das Durcheinander des großen Ganzen – vier vorhersehbar aufeinander folgende Jahreszeiten mit ureigenen Wetterphänomenen finden draußen in der Natur nur noch höchst selten statt. Daraus das richtige Taktgefühl für den Garten zu entwickeln, fällt ungemein schwer. Ein bewährtes Hilfsmittel ist der Blick auf die Phänologie.

PHÄNOLOGISCHE JAHRESZEITEN

Die Phänologie ist die Lehre von biologischen Erscheinungen und befasst sich mit den im Jahresablauf periodisch wiederkehrenden Wachstums- und Entwicklungserscheinungen von Pflanzen und Tieren. Dabei werden u. a. die Eintrittszeiten charakteristischer Vegetationsstadien, wie Austrieb, Blüte, Fruchtansatz, Reifebeginn, Reife, Laubfärbung oder Laubfall, sowie das Verhalten der Tiere, wie der erste Kuckucksruf, das Zugverhalten und die Paarungszeiten von Vögeln, herangezogen. Die Daten werden in einer phänologischen Uhr beim Deutschen Wetterdienst (DWD) dargestellt und ermöglichen damit eine gute Orientierung im jeweiligen Jahresverlauf.

Den Takt der Natur (wieder-)finden

Gar nicht so einfach, wenn alles seinem eigenen Rhythmus folgt. Der Zusammenklang des Gartenorchesters muss stets neu eingestellt werden. Die natürliche Dynamik tut ihr Übriges, um selbst tagesgenaue Wettervorhersagen zusätzlich zu unterlaufen. Aber die Schultern hängen lassen und zuschauen, wie wieder einmal die aufgehende Obstblüte vom Frost überrascht wurde oder die Bestäubung infolge gestresster Bienenvölker überhaupt nicht mehr stattfindet ist keine Option.

Die Veränderungen des Wetters sind am stärksten im Frühling ausgeprägt, mit teils schmerzlichen Folgen für das weitere Jahr im Garten. Die Natur ist so getaktet, dass der natürliche Vegetationszyklus zu Beginn jedes Jahres kulminiert, umso ungünstiger wenn es wesentlich früher wärmer und gleichzeitig schon recht spät im Jahr nochmal knackig kalt wird! Die »Verfrühung des Frühlings« ist Stress pur. Das Bayerische Landesamt für Umwelt (LfU) nimmt als Indiz unter anderem dafür das Einsetzen der Apfelblüte (»Vollfrühling«), setzt diese jährlich ins statistische Mittel und hat über die Jahre festgestellt, dass sich diese etwa alle zehn Jahre um ganze fünf Tage vorverschiebt! Zwischen 1931 und 2010 haben sich die statistischen Mittelwerte für die (klassischen) Wintermonate in Bayern zwischen 1,5 und 2 °C erhöht. Für den Zeitraum von 1961 bis 2012 hat das LfU die phänologischen Daten des DWD gesondert analysiert und festgestellt, dass sich die Vegetationszeit in Bayern im Zeitraum von 1991 bis 2010 gegenüber 1961 bis 1990 um zehn Tage verlängert hat. Unterm Strich hat sich damit die Vegetationsperiode von 1961 bis 2010 um ganze 26 Tage verlängert! Anders ausgedrückt: Der Winter ist durchschnittlich fast vier Wochen kürzer als noch vor rund 50 Jahren.

Wegmarken des phänologischen Gartenjahres (1961 bis 2010)*

- **Frühlingsbeginn:** Hier dient die Haselnussblüte *(Corylus avellana)* als Orientierung. Trotz großer Schwankungen über die Jahre blüht die Haselnuss immer früher im Jahr, im Laufe von 50 Jahren wanderte so der phänologische Frühlingsbeginn um 23 Tage nach vorne.
- **Sommerbeginn:** Als Referenz dient der Blühbeginn des Schwarzen Holunders *(Sambucus nigra),* der pro Jahrzehnt etwa 3,4 Tage eher blühte, damit um insgesamt 17 Tage nach vorn rutschte.
- **Herbstbeginn:** Die Fruchtreife des Schwarzen Holunders ist für Phänologen das Zeichen, dass der Herbst beginnt. Der Holunder ist heute im Durchschnitt 18 Tage früher reif als vor 50 Jahren (3,6 Tage/Jahrzehnt).
- **Spätherbst (Vegetationsruhe):** Referenzart: Stiel-Eiche *(Quercus robur)*, deren beginnende Blattfärbung (Blattfall = Winterbeginn) den Spätherbst einläutet. Hier gab es jedoch keine besonderen Auffälligkeiten; der Schwerpunkt der Verschiebung liegt damit eindeutig auf dem Übergang vom Winter zum Frühling!

AKTUELLE VEGETATIONSENTWICKLUNG

Pflanzen reagieren auf deutlich kürzere Winter mit vorzeitigem Wachstum und verfrühter Blütenbildung. Oder überhaupt keiner, denn nicht nur die Flora fühlt sich regelrecht von der natürlichen Dynamik getrieben. Der Biorhythmus der gesamten heimischen Fauna ist weder ausgeglichen noch ruhig getaktet. Ein Beispiel ist die Blütenbestäubung: Diese werden nicht bestäubt,

---

* Quelle: Bayerisches Landesamt für Umwelt

LINKS Der veränderte Übergang vom Winter zum Frühling trifft das Ökosystem an seiner sensibelsten Stelle, der Blütenbestäubung.

wenn die Insekten, die dafür zuständig sind, noch nicht geschlüpft oder verhungert sind, weil die Pflanzen, die sie als Nahrung nach dem Schlüpfen brauchen, nicht mehr oder noch nicht wachsen.

Ähnlich dramatisch ist die Lage für Zugvögel, die nach ihrer Rückkehr aus dem Süden noch nicht genug oder gar keine Nahrung vorfinden. Und was auch uns Menschen direkt bedroht, sind bisher nicht heimische und höchst aggressive Krankheitserreger und Schädlinge, die sich aufgrund der veränderten Lebensbedingungen etablieren und rapide ausbreiten können.

Wenn der natürliche Taktgeber durcheinander ist, sind Flora und Fauna auf unsere Unterstützung angewiesen. Wir können dieses in unseren Gärten effektiv leisten und Problemzeiten überbrücken, bis sich Tiere und Pflanzen auf die veränderte Jahrestaktung eingestellt haben.

FRÜHERES FRÜHJAHR – FRÜHERER GARTENSPASS?

Leider nein! In der Theorie klingt ein kurzer und milder Winter verlockend. Allein der Gedanke, im Februar den Garten schon in voller Blüte zu erleben oder die Ertragszeiten in der Landwirtschaft zu strecken, ist verführerisch. Fakten, Gartenpraxis und der Biorhythmus sprechen dagegen. Allein kaum vorherzusehende Spätfröste sorgen dafür, dass die Chancen aufs ganz frühe Gartenglück ein jähes, frostiges Ende finden.

Die Frosthärte spielt neben artspezifischen Biorhythmen die entscheidende Rolle, ob der Start ins Gartenjahr gelingt oder zum Überlebenskampf wird. Durch überlegte Arten- und Sortenwahl und entsprechende Vorbeugemaßnahmen können Sie darauf direkt Einfluss nehmen. Die »innere Uhr« von Pflanzen, Tieren und Menschen indes lässt sich nicht so leicht, vor allem nicht so schnell an einen neuen Grundschlag anpassen. Hier ist es wichtiger, die richtigen Sofortmaßnahmen zu treffen, um das natürliche Gleichgewicht zu erhalten: Schützen Sie Bienen, stärken Sie die Pflanzengesundheit, erhalten Sie die Vielfalt von Natur und Landschaft und schaffen Sie Nahrungsangebote oder Lebensräume für die heimische Tierwelt.

FLORA UND FAUNA AKTIV BEIM JAHRESZEITEN-WECHSEL UNTERSTÜTZEN

- Bei größeren Gehölzen: Totholz bereits im Herbst entfernen.
- Bestäuberinsekten ganzjährig fördern.
- Boden früh im Jahr gut durchlockern und Komposterde einarbeiten, alternativ Dünger (kaliumbetont!) hinzugeben.
- Generell empfindliche Wurzelbereiche von Rosen, Sträuchern und Bäumen schützen.
- Kälteschutz für Gemüsekulturen nicht zu früh entfernen.

- Kranke Gehölze im Spätherbst beschneiden und Schnittgut samt Laub rückstandslos entsorgen!
- Pflanzen bei langer winterlicher Trockenheit gießen.
- Unterschlüpfe und Nistmöglichkeiten für heimische Insekten, Kleinsäuger, Brutvögel anbieten – und das Futter gleich mit dazu.
- Schnittmaßnahmen nur bei konstanter und daher für die Pflanzen stressfreier Witterung durchführen; generell den Zeitraum nach dem winterlichen Frost bevorzugen, nicht im Herbst schneiden.
- Winterruhezeiten der Fauna beachten!
- Wärmeliebenden Pflanzen guten Winterschutz (Laub, Mulch, Reisig) geben.

BIENEN SCHÜTZEN & FÖRDERN!

Unter allen Bestäubern spielt die Honigbiene die größte ökologische Rolle: 80 % aller Nutz- und Wildpflanzen werden von der Westlichen Honigbiene *(Apis mellifera)* bestäubt. Die restlichen 20 % »erledigen« Hummeln, Fliegen, Wildbienen, Schwebfliegen, Schmetterlinge und andere Insekten.

Die Bedrohungslage der heimischen Bienenvölker ist immens! Das fängt direkt beim Honig an: Über 70 % des bei uns angebotenen Honigs werden hauptsächlich aus Asien und Südamerika importiert, nur etwa 30 % stammen aus heimischer Produktion! Die für unsere Bienenvölker tödlich verlaufende Amerikanische Faulbrut ist – neben der Varroamilbe – genau aus diesem Grund zur ernsten Bedrohung geworden. Die leichtfertige Entsorgung von (nicht sauber ausgespülten) Honiggläsern ist die »perfekte« Infektionsquelle für Bienen, die meinen, sich an den Resten laben zu können. Importhonig wird nicht auf Faulbrut untersucht und schon geringe Mengen genügen, um eine Infekti-

LINKS Das anmutige Tänzchen einer Biene um pollen- und nektarreiche Lavendelblüten. Bestäuberinsekten benötigen unsere Hilfe!

RECHTS Pestizide und sterile Gärten: Wir selbst können das Bienensterben abmildern, z. B. durch Insektenhotels und Bienenweiden.

onsspirale in Gang zu setzen. Nicht selten lassen sich auch noch Rückstände von Antibiotika nachweisen … kurzum: Honiggläser gut spülen, bevor sie entsorgt werden. Besser: Honig aus der Region!

Nicht so stark im Fokus der Öffentlichkeit standen in der Vergangenheit die kleinen »Schwestern« der Honigbiene, die Wildbienen. Sie sind im Bezug auf ein funktionierendes Ökosystem überaus bedeutsam. Die meisten der über 550 heimischen Arten sind stark gefährdet und stehen auf der »Roten Liste der bedrohten Arten«. Fast jede zehnte Art ist sogar vom Aussterben bedroht! Industrielle Landwirtschaft, strukturarme Landschaften, der Klimawandel (vorgezogene Blühphasen, Temperaturschwankungen etc.), exzessiver Ressourcenverbrauch, Schadstoffemissionen, gleich-

förmige und zunehmend naturferne Kulturlandschaften und auch Gärten sind nur die wichtigsten Gefährdungsfaktoren dieser Bestäuberinsekten.

Dabei ist Hilfe gut möglich: ausreichendes Blütenpflanzenangebot (»Bienenweiden«) und geeignete Nistmöglichkeiten sowie vielfältige Materialien zum Nestbau. Bee careful heißt die Devise!

»Wenn die Biene einmal von der Erde verschwindet, hat der Mensch nur noch vier Jahre zu leben. Keine Bienen mehr, keine Bestäubung mehr, keine Pflanzen mehr, keine Tiere mehr, keine Menschen mehr.«

Albert Einstein

HITZE & TROCKENHEIT

Puh, was für eine Hitze! Gedanken an abkühlende Erfrischung sind omnipräsent. Ihrem Garten geht es genauso. Mit einigen überlegten Handgriffen und betont entspannter Grundhaltung, lassen sich diese wahrlich auszehrenden Phasen jedoch recht gut meistern.

Einige stolze Gartenschönheiten kommen bei Hitze erst so richtig in Fahrt, sprich zur Entfaltung und Geltung. Lassen wir uns also von schweißtreibenden Temperaturen nicht verunsichern und blicken lieber auf geniale natürliche Anpassungsstrategien, um den zunehmenden Hitzephasen mit Gelassenheit zu begegnen.

Hitze

Hitze ist immer relativ, beginnt aber aus meteorologischer Sicht in unserer Klimazone statistisch erfassbar ab Tageshöchsttemperaturen von 30 °C. Schon ab fünf aufeinanderfolgenden Tagen dieser Temperaturkategorie spricht man von einer Hitzewelle. In der Meteorologie definieren sich Hitzewellen als andauernde Perioden mit ungewöhnlicher Wärmebelastung bei geringer nächtlicher Abkühlung unter Einwirkung stabiler Hochdrucksysteme im Sommer, viel Sonnenschein und geringe Windgeschwindigkeiten inklusive. Die gefühlte Hitze potenziert sich in städtisch-urbanen Räumen, »dicke Luft« ist an mehr und mehr Orten Realität.

Trockenheit

Auch Trockenheit kann unterschiedlich definiert werden, basiert im Allgemeinen jedoch immer auf einer Summe aus meteorologisch-klimatologischer und hydrologischer Kriterien. Aus rein meteorologischer Sicht definiert sich eine Trockenperiode durch das Aufeinanderfolgen von mindestens elf Tagen mit Tagesniederschlagshöhen kleiner oder gleich 1,0 mm. Die lokalen Abweichungen sind immens, wodurch die Angaben für langanhaltende Trockenheit in den Statistiken unterschiedlich wiedergegeben werden. Tatsache ist, dass die Sommer 2003 und 2015 als die heißesten und trockensten in der jüngeren Vergangenheit gelten. Zwei Hitzebeispiele: Den Hitzerekord für 2016 gab es am 27. August in Saarbrücken-Burbach mit 37,9 °C, den Höchstwert für Deutschland seit Anbeginn der Wetteraufzeichnungen am 5. Juli 2015 im bayerischen Kitzingen mit 40,3 °C. Für unsere Breiten wahrlich extreme Werte, die alle Organismen sowie unser Ökosystem an den Rand der Erschöpfung bringen.

»Der urbane Wärmeinseleffekt kann sich vor allem im Sommer – bei ohnehin hohen Temperaturen – zusätzlich negativ auf die Stadtbevölkerung auswirken. Geht man von weiter ansteigenden Temperaturen im Klimawandel aus, bedeutet dies eine zusätzliche thermische Belastung für die Menschen in der Stadt.«

Klimawandel und Klimafolgen in NRW, LANUV-Fachbericht 2016

WIE REAGIEREN PFLANZEN AUF HITZE & TROCKENHEIT?

Wasser ist für Pflanzen lebens-, ja überlebenswichtig. Es dient als Transportmittel für die gelösten Nährsalze, ist wichtiger Grundstoff der Fotosynthese sowie unabdingbar zur inneren Aussteifung der pflanzlichen Gewebe (Turgur). Ohne Wasser – kein Pflanzenleben.

Zur Aufrechterhaltung der normalen Lebenstätigkeit müssen Wasseraufnahme und Wasserabgabe in einem gut ausgepegelten Gleichgewicht stehen. Wenn wegen zu hoher Luftfeuchtigkeit eine normal geregelte Verdunstung (Transpiration) unmöglich ist, erfolgt ein aktives und deutlich sichtbares Auspressen von Wasser an den Blatträndern (Guttation). Schauen Sie sich bei Gelegenheit den »Wasserstress« bei Frauenmantel oder Kapuzinerkresse an. Bei einigen Vertretern der Steinbrechgewächse (Saxifragaceae) entstehen durch ausgepresste Wassertropfen infolge des Calciumgehaltes markante Kalkflecken an den Blättern.

Die Signale der Pflanzen auf Wassermangel sind vielfältig und stets deutlich: welke, farblose, gräuliche Blätter, Wachstumsstockungen, zusammengezogene Blüten, verminderte oder im schlimmsten Fall gar keine Fruchtausbildung, »Hängeschultern«, also in sich zusammensackende Pflanzen, um nur einige Weitere zu nennen. Aber: Es gibt hocheffektive Strategien innerhalb der Pflanzenphysiologie. Überlebensstrategien, mit denen Pflanzen ihre Wasserversorgung in Trockenphasen sichern.

Wasserspeicherung
- Wurzel (z. B. Dahlien, Rüben).
- Sukkulente, verdickte Stängel (z. B. etliche Wolfsmilchgewächse, Kakteen).
- Sukkulente Blätter (z. B. Dickblattgewächse).
- Sicherung der Wasserversorgung durch Ausbildung langer, tiefreichender Pfahlwurzeln (z. B. Kiefer, Eiche, Lupine, Königskerze).

Herabsetzung der Verdunstung
- Dichte Behaarung (z. B. Königskerze, Wollziest).
- Feste, lederartige Blätter (z. B. Efeu, Ilex).
- Harz- und Wachsüberzüge (z. B. Tulpen, Kakteen).
- Einrollen der Blätter (z. B. Federgras).
- Verkleinerung der Blattoberfläche, etwa durch feingeschlitzte Blätter (Doldenblütler) oder nadel- bzw. schuppenförmige Blätter (z. B. Koniferen, Heidekraut).
- Zeitweiser Blattschwund – der jährlicher Laubfall.
- Völliger Blattschwund: assimilierender Spross, z. B. bei Kakteen und Besenginster.

Stress durch übermäßige Hitze gepaart mit langanhaltender Hitze führt zu »Wasserstress« (»Trockenstress«),

LINKS Es gilt, so viel Regenwasser wie möglich zu speichern. Die klassische Regentonne hat noch lange nicht ausgedient!

RECHTS Einfach und wirkungsvoll! Bodennah eingearbeitetes Laub und Schnittgut verbessern die Wasserhaltung von Pflanzflächen.

der Pflanzen, die nicht über natürliche Anpassungsstrategien verfügen, regelrecht in die Knie zwingt. Die Schwächung als Folge des ungünstig veränderten Nährstoffverhältnisses im Pflanzengewebe (Kohlenstoff zu Stickstoff) ist erheblich. Die allgemeine Widerstandsfähigkeit sinkt, die Befallswahrscheinlichkeit durch Nematoden (parasitische Würmer) und Insekten indes potenziert sich zu bedrohlichen Situationen. Zudem ist der Befall durch pilzartige Krankheitserreger an Wurzeln und Stämmen deutlich begünstigt. Trockene und warme Bedingungen lassen Insektenpopulationen anwachsen und fördern Virusepidemien. Überdies verändern sich die Bodenstruktur und die Zusammensetzung der bodenaktiven Mikroorganismen negativ.

Einmal unter komplexen »Wasserstress« leidende Pflanzen wieder in ihr physiologisches Gleichgewicht zu bekommen ist gar nicht so einfach, auch wenn kurzzeitige Trockenheit meist gut verkraftet wird. Als Notfallmaßnahmen helfen nur die konsequente Reduzierung der (vertrockneten und nicht mehr lebensfähigen) Pflanzenmasse bei gleichzeitiger Optimierung der Standortbedingungen durch Bodenverbesserung. Von Krankheiten und pathogenen Schädlingen befallene Pflanzen müssen unbedingt entsorgt werden, um eine weitere Ausbreitung zu verhindern.

Da Trockenstress ein wachsendes und bestandsgefährdendes Problem, vor allem in Bezug auf landwirtschaftliche Kulturen, darstellt, ist die Suche nach Lösungen ein Schwerpunkt in Forschung und Wissenschaft. So auch für die Technische Universität München (Lehrstuhl für Botanik), die in einem Forschungsprojekt an der Ackerschmalwand *(Arabidopsis thaliana)* Referenzproteine identifiziert hat, die hauptverantwortlich für die Umstellung der Pflanzen auf den lebenssichernden »Wassersparmodus« in Trockenphasen sind. Eine wichtige Rolle spielt dabei u. a. das Phytohormon Abscisinsäure (ABA). Eine Entdeckung, die uns eine unserer Lebensgrundlagen sichern könnte!

EFFEKTIVE UND GUT REALISIERBARE ANPASSUNGSSTRATEGIEN

Trotz sengender und zehrender Hitze einen kühlen Kopf zu bewahren – leichter gesagt, als es die Realität im Garten ermöglicht. Wie so oft steht man im Fall des Falles ratlos und verunsichert vor schier unüberwindbaren Problemen. Die Natur zeigt uns aber auch hier, wie effektive Strategien aussehen können.

Unabhängigkeit, Nachhaltigkeit und Sparsamkeit sind die Lösungsworte. Es gilt, im Garten so wenig wie möglich Wasser zu verbrauchen, sich bewusst in den Kreislauf des Wassers einzufügen und sich durch verschiedene Maßnahmen Schritt für Schritt – Pflanze für Pflanze – unabhängiger von Wasser zu machen. Das Wetter lässt sich auf lokaler Ebene nicht ändern, die Möglichkeiten, natürliches Wasser (Regen) so effektiv wie möglich zu nutzen, indes umso mehr.

Zusammengefasst sind es folgende Stellschrauben, die Sie selbst optimieren können und müssen, um mit weniger regelmäßigen und ausgiebigen, dafür zuweilen stärkeren Regenereignissen übers Gartenjahr zu kommen:

- Der Boden ist die essenzielle und nicht beeinflussbare Basis des Gartens.
- Die Gewichtung der einzelnen Gartenelemente muss neu verteilt werden, um weniger Wasser zu verbrauchen, gleichzeitig aber mehr Wasser aufnehmen zu können.
- Schaffen Sie neue Pflanzbilder und stellen Sie die Pflanzungen bzw. das Artenspektrum von intensiv auf extensiv um.
- Optimieren Sie Ihr Gießverhalten.

Maßnahmen bei extremer Hitze und Trockenheit

- An vollsonnigen Standorten nur hitzebeständige Pflanzgefäße aufstellen.
- Auf große Schnittmaßnahmen und vor allem Rasenmähen verzichten.
- Äußerst sparsam mit Wasserressourcen umgehen und Pflanzen nicht unüberlegt überbrausen, sondern nur den Wurzelbereich gießen.
- Böden und Substrate oberflächlich gut lockern, das vermindert die Verdunstung.
- Ganz früh am Morgen oder zum Abend hin gießen, dafür durchdringend.
- Den Nährstoffhaushalt durch frische Komposterde auffrischen.
- Pflanzflächen, Hochbeete und Baumscheiben durchdringend wässern.
- Sträucher und intensive Pflanzflächen mulchen (am besten mit Rasen- und Heckenschnitt oder Häckselgut aus »eigener Produktion«).

LINKS Kuschelig warm und gleichbleibend feucht sind optimal für Blüten- und Vitaminreichtum. Besser können Sie Rasenschnitt nicht nutzen.

RECHTS Ein schönes Stelldichein an trockenliebenden Arten, u. a. Purpur-Sonnenhut 'Magnus' und 'Alba', Fetthenne und *Verbena bonariensis*.

- Töpfe und Kübel zusammenstellen, windgeschützte Lagen bevorzugen und idealerweise »Urlaubsbewässerungssysteme« nutzen.
- Wenn möglich Tröpfchenbewässerung für wasserdurstige Kulturen installieren.

Gärten auf »Wassersparmodus« umstellen

Etwas anders bleibt uns auch gar nicht übrig! Dafür müssen Sie ein Stück weit tapfer sein, denn das Erscheinungsbild Ihres Gartens wird durchaus ein sichtbar anderes. Deutlich weniger Rasen, dafür mehr Kies- und Splittflächen, betont flache Pflanzungen pflegeleichter und stressfester Arten (»Teppichpflanzungen«). Mehr Wasserspeicheroptionen und auch das ein oder andere moderne Hilfsmittel, um die natürlichen Ressourcen optimal zu nutzen und sich den Gartenalltag genau dann zu erleichtern, wenn die schönste Zeit des Jahres, der Sommer, anbricht und

allein der Gedanke an regelmäßiges Gießkannenschleppen für Stress sorgt. Genau diesen wollen wir aber – auch bei uns Gärtnern – so gut wie möglich vermeiden. Hierbei helfen uns Pflanzen, die auch ohne großes Zutun unsererseits für wunderschöne Gartenbilder sorgen: Asketen, Überlebenskünstler, Wunder der Natur. Sie treten an die Stelle altbekannter, jedoch recht pflegeintensiver und nur in geringem Maße stressfester Gartenklassiker. Aber so wie die Natur im Großen stete Veränderungs- und Anpassungsprozesse vollzieht, so müssen wir das für uns im Kleinen – im Garten – tun. Nur ein trockentoleranter Garten, in dem Wasser effektiv und ressourcenschonend, also nachhaltig eingesetzt wird, kann es mit den zukünftigen Hitze- und Trockenheitsphasen aufnehmen.

Ziel muss es sein, das Zusammenspiel im Garten zwischen Umfeld (Topografie, Lage, Exposition), Boden,

Bepflanzung, Ausstattung, versiegelten und offenen (wasserdurchlässigen) Flächen sowie die Wasserbewirtschaftung (Gießen, Regenwasserspeicherung, Feuchtzonen) in einen gemeinsamen Takt zu bringen. Einen, der sich am Grundschlag natürlicher Dynamik ausrichtet und doch eine Zeit lang auch ohne gärtnerische Eingriffe auskommen kann.

SPÜRBARE EFFEKTIVITÄTSINITIATIVEN SIND NOTWENDIG

Womit in der Gartenpraxis anfangen? Vielleicht mit ein wenig Theorie. Der Boden bzw. seine Beschaffenheit ist entscheidend für die Aufnahme, Speicherung und Weiterleitung von Wasser. Stellen wir zwei grundverschiedene Bodenarten gegenüber, wird rasch klar, in welche Grundrichtung wir unsere Böden entwickeln müssen, um sie so zu optimieren, dass schon vom Boden her der Kampf gegen den Klimawandel gelingt. Ein hoher Sandanteil ermöglicht eine gute Wasserfüh-

rung bei hoher Wasseraufnahmekapazität, guter Durchlüftung und Durchwurzelung sowie leichter Bearbeitbarkeit. Das Wasserhaltevermögen hingegen ist überaus gering. Genau konträr zu allen Eigenschaften verhält es sich bei Böden mit einem hohen Tonanteil. Daraus ergeben sich die Verbesserungsmaßnahmen:

- Sandige Böden benötigen Unterstützung, da die Wasserhaltekapazität verbessert werden muss. Nur dann können – neben ausgewiesenen Überlebenskünstlern – zukünftig auch Arten kultiviert werden, die naturgemäß mehr und regelmäßige Wassergaben benötigen wie etwa die meisten Gemüse.
- Tonige Böden bedürfen einer intensiven Tiefenlockerung, um anfallendes Sturzregenwasser abzuführen und die Bodenfeuchtigkeit pflanzenverfügbar zu machen und vor allem die für die allermeisten Pflanzen ungünstigen staunassen Zustände auf ein möglichst geringes Maß zu reduzieren.

Ohne effektive Bewässerungsstrategien, das heißt eine an der natürlichen Verfügbarkeit von kostenlosem Regenwasser ausgerichtete und einer, mit den Mitteln des technisch Machbaren optimierten Wassernutzung, werden alle noch so sinnvollen und durchdachten Maßnahmen gegen Trockenstress rasch erlahmen oder erst gar nicht zum Tragen kommen. Und schon sind wir auch wieder beim Boden. Mit einfachen Maßnahmen können Sie die Bodenfeuchte länger im Boden halten: Gründüngung und Komposterde. Eingearbeitete feinkrümelige Komposterde und über den Jahreswechsel oder im zeitigen Frühjahr eingesäte Gründüngerpflanzen wirken wie Doping für den Boden, indem sie das Bodenleben fördern und damit auch seine Fähigkeit, Wasser und Nährstoffen effektiver zu binden, als länger als Speicher vorzuhalten.

LINKS Der über ein Fallrohr gespeiste Regenwassertank ist gut hinter einem attraktiven Vorhang aus Efeu und Clematis versteckt.

Clever gießen

- Durchdringend wässern und kontrollieren, ob auch tiefere Bodenschichten gut feucht sind.
- Gießmenge immer an der Pflanzenart ausrichten.
- Idealerweise frühmorgens oder/und am frühen Abend (je nach Bedarf).
- Nicht bei voller Sonneneinstrahlung; das erhöht die Gefahr von Pilzkrankheiten an den Blättern.
- Ohne großen mechanischen Druck wässern, nur mit Brausekopf oder weichem Strahl.
- Immer in den Wurzelbereich, nicht über das Blattwerk gießen.
- Zielgerichtet wässern, am besten via Tröpfchenbewässerung, wie Micro-Drip-Systeme oder Tropfrohre und Perlschläuche.

Damit Ihre Pflanzen bei Trockenheit nicht in Trockenstress geraten (durch unregelmäßige Wasserzufuhr) oder durch zu wohlwollendes Gießen unter Staunässe und Wurzelfäule leiden, ist es wichtig, dass die Bodenart und -beschaffenheit der maßgebliche Faktor für die standortoptimierte Pflanzenauswahl ist. Dazu kommen zusätzliche wassertechnische Vorkehrungen im Garten, wie Wassersammler, die Anlage von Feuchtbiotopen, Zisternen oder Sickermulden, und die Anpassung der eigenen Gartenpraxis bei der Arten- und Sortenwahl, eine optimierte Gartengestaltung, cleveres Gießen und das Aufbringen von Mulchschichten. So minimieren Sie Stressfaktoren und können Ihren Garten nachhaltig und vernünftig nutzen. Ganz wesentlich beeinflussen die Alltagstauglichkeit sowie die Ausgangssituation und auch die bestehende Gartenausstattung und das Gartenumfeld – und nicht zuletzt noch das zur Verfügung stehende Budget an Zeit und Geld- die jeweiligen Ergebnisse.

»Der Klimawandel verlangt es, dass wir noch ein größeres Augenmerk auf das öffentliche und private Grün in unseren Städten legen müssen.«

Helmut Selders (BdB), Oktober 2016

EXPERTENTIPP

WÄSSERN – UND (BE-)WÄSSERN LASSEN

Mithilfe moderner Technik lässt sich Unabhängigkeit, Nachhaltigkeit und Sparsamkeit bezogen auf nachhaltiges Wassermanagement buchstäblich im Handumdrehen verwirklichen. Vollautomatisierte, leicht via praktischer Smartphone-Apps steuerbare Systeme sind mittlerweile so ausgereift und praxistauglich, dass Natur, Garten und auch Sie davon profitieren. Langfristig amortisieren sich die Mehrkosten! Der Clou sind Steuerungseinheiten, die gleichzeitig allgemeine Wetterinfos (Frost!) und über feinfühlige Sensorik pflanzengenaue Wasserhaushaltsinfos liefern. Basis: ein separater Wasseranschluss im Garten.

PROJEKT GEMÜSEHÜGEL – BEET MIT SPEICHER

Wollen Sie mehr Zeit für Genuss und Plaisir, gleichzeitig noch jede Menge Wasser sparen? Dann brauchen Sie Cleverness, Köpfchen – und ein wenig Gartenwerkzeug.

OBEN Auf einem Hügelbeet können Sie mehr Gemüse im Verhältnis zur Grundfläche anbauen als in einem normalen Grundbeet. Außerdem können Sie auf den besonnten und absonnigen Seiten unterschiedliche Arten pflanzen.

EFFEKTIVITÄT TRIFFT SPARSAMKEIT

Jede Pflanze benötigt Wasser. Es limitiert und stimuliert ihr Wachstum. Ein Hügelbeet oder Gemüsehügel ist eine clevere Variante, um diese wertvolle Ressource so sparsam und effektiv wie möglich einzusetzen. Eminent wichtig und leicht umzusetzen. Ein Hügelbeet anzulegen ist einfacher als ein materialaufwendiges Hochbeet und dabei nicht minder effektiv. Ein weiterer Vorteil: Gemüsehügel können auch seitlich bepflanzt werden, wodurch mehr und andere Pflanzen angebaut werden können, da es voll- und absonnige Standorte im Beet gibt. Das Innere des Hügels ist durch die verschiedenen Schichten aus Schnittgut, Kompost und Erde ein leistungsstarkes bioaktives System, ein echter Wachstumsturbo. Durch die langsame Verrottung des Füllmaterials, werden die Nährstoffe nach und nach freigesetzt und stehen den Pflanzen ausreichend lange zur Verfügung. Da beim Verrotten Wärme entsteht, ist die Erde im Hügel spürbar wärmer als die Umgebung. Ein weiterer Vorteil ist die gute Dränage durch die unterste Strauchschnittschicht – so kommt es im Beet nicht zu Staunässe.

WASSERHALTUNG VON BEETEN OPTIMIEREN

Deutlich cleverer als immerzu Gießen und Wässern, ist es, die Aufnahme- und Speicherkapazität von Beeten bzw. des Bodens oder Substrats generell zu erhöhen. Eine Mulchschicht (5 bis 7 cm stark) aus Holzhäckseln, Rindenmulch, Laubkompost oder auch feinkörnigem Kies und Splitt reduziert effektiv die Verdunstung und reguliert die Wasserzufuhr zum Boden und damit zu den Wurzeln. Nach stärkeren Regenfällen sollte der offene Boden zwischen den Pflanzen schnell gelockert und gehackt werden, denn dadurch werden die Kapillaren der obersten Bodenschicht zerstört und die Verdunstung von unten unterbrochen. Positiver Nebeneffekt: Unkräuter kommen gar nicht erst auf.

Von der guten Idee zum cleveren Gemüsehügel

Suchen Sie sich **1** einen vollsonnigen Standort, markieren die Umrisse des Hügels und graben alles spatentief aus. **Die unterste Lage 2** bildet grobes Schnittgut. Das sorgt für gute Belüftung und raschen Wasserabzug. **Alles gut mit einer beschwerenden Schicht 3** (gut feuchte Rasensoden oder grobe Muttererde) überdecken. **Die nächste Lage 4** bildet ein lockerer Mix aus Laub, kleinteiligem Schnittgut und grobem Kompost. **Die abschließende Schicht 5** besteht aus humusreicher Komposterde. Noch etwas NPK-Dünger hinzugeben, wässern – fertig zur Aussaat/zum Bepflanzen!

PRIMA KLIMA AUF BALKON & TERRASSE

Balkon und Terrasse sind das ideale Testterrain, um Pflanzen und Gestaltungsoptionen auszutesten, um dem Klimawandel zu trotzen. Im Garten haben wir schon rein flächenmäßig mehr natürliches Potenzial und Gestaltungsoptionen; im Kleinen, auf Balkon und Terrasse, müssen wir uns umso mehr anstrengen, um mit einem Minimum an Materialeinsatz optimale Wachstumsergebnisse zu erzielen. Standortspezifische Bedingungen, wie die Sonnen- und Windexposition und das begrenzte Nährstoff- und Wasserangebot im Topf, sind Herausforderungen, die es zu meistern gilt.

Was auf Balkon und Terrasse unter teils extremen Bedingungen funktioniert, also »überlebt«, schafft zumeist auch den Sprung ins Freie – in den Garten. Balkon- und Terrassenstandorte haben ein ganz eigenes Mikroklima, das von der Ausrichtung (Himmelsrichtung), wärmereflektierenden Fassaden, Wind und feinstaubbelasteter Stadtluft beeinflusst wird. Sie sind spürbar unabhängiger vom lokalen Klima als vergleichbare Gartensituationen, und Pflanzungen betont südlich-mediterraner-exotischer Arten greifen so auf das Kommende im Garten vor.

Der limitierende Faktor jeder Pflanzung auf Balkon und Terrasse ist der Wasser- und Nährstoffhaushalt, den es zukünftig noch deutlich zu optimieren gilt. Ein modernes Wassermanagement ist wichtig! Gefäße mit Wasserspeicherfunktion, autarke und individuell regelbarere Bewässerungssysteme, cleveres Gießen (morgens und abends die Wurzelbereiche gut wässern) und Regenwasserspeicher helfen Ihnen, Nachhaltigkeit mit Effektivität zu verbinden.

Für Südbalkone und Dachterrassen kommen nur Pflanzenarten infrage, die überaus hitze- und trockenheitsverträglich sind, darunter verlässliche Klassiker, wie *Pelargonium*, Portulakröschen *(Portulaca grandiflora)*, Kapkörbchen *(Osteospermum)*, Mittagsblume *(Dorotheanthus bellidiformis)*, *Gazania* oder interessante Trendsetter, wie Angelonie *(Angelonia angustifolia)*, Mecardonie *(Mecardonia)*, Mehliger Salbei *(Salvia farinacea)*, Currykraut *(Helichrysum italicum)* und Süßkartoffel *(Ipomoea batatas)*.

Alles wetterfest?

Wetterfest müssen nicht nur die Pflanzen sein, sondern auch die Gefäße, ja das gesamte Mobiliar. Wählen Sie ausschließlich Materialien und Werkstoffe, die verlässlich wetterfest (auch farbbeständig) sind. Einheimische Gehölze, wie Eiche, Ulme und Esche, kommen mit der hiesigen Wetterdynamik sehr gut zurecht. Pflanzgefäße müssen hitze- und frostbeständig sein und stammen idealerweise aus umweltfreundlicher Produktion und sind recyclebar. Eine Überhitzung der Wurzelballen durch intensive Sonneneinstrahlung unbedingt vermeiden. Moderne Kunststoffgefäße, die Wärme schlecht leiten, haben hier einen klaren Vorteil gegenüber Stein- ,Ton-, Terrakotta- oder gar Metallgefäßen.

LINKS Moderner Pflanzkübel mit Wasserspeicherfunktion trifft auf klassische und hitzefeste Balkonblumen, z. B. Goldlack und Duftsteinrich.

RECHTS Im Zweifel (Sturm) lässt sich dieser farb- und strukturstarke Pflanzkübel Dank unterseitiger Rollen ruckzuck in Sicherheit bringen.

… und sturmsicher?

Schon die exponierte Lage verlangt besondere Vorkehrungen, damit Pflanzkübel sowie Mobiliar und Accessoires bei heftigeren Winden standsicher sind. Das gilt umso mehr für besonders windexponierte Standorte, wie Westbalkone und freie, offene Dachterrassen in den oberen Stockwerken. Vor allem Töpfe und Kübel mit Ziergehölzen, Hochstämmchen, Prachtstauden u. a. dürfen nicht umkippen. Die Proportionen von Pflanze und Gefäß sollten passen, damit Optik und Funktion konform gehen. Eine Verankerung auf dem Boden ist nur in den wenigsten Fällen möglich, wenngleich es die wirkungsvollste Möglichkeit wäre, um für Standfestigkeit zu sorgen. Immer hilft eine zusätzliche Beschwerung der Gefäße mit Steinen, Sand oder einem Wassertank sowie das Einbinden von »Windbrechern«, wie Wänden, Mauern, Hecken, Windschutzelementen und Spalieren. Trotz Vorsichtsmaßnahmen sollte die Mobilität aller Elemente stets gegeben sein.

Damit Ihnen häufiger Regen nicht die Laune vermiest, ist es ratsam bei der Arten- und Sortenwahl immer auch die Regenfestigkeit der Blüten und die Kompaktheit des Wuchses im Blick zu haben. Überdies muss Regenwasser so rasch wie möglich abfließen können … idealerweise auch in Speichergefäße. Dauerhafter Regenschutz lohnt sich nur, wenn dieser auch als Sonnenschutz dient. Ob Schirm, Sonnensegel, Stoffverspannungen oder in Form von Pergolen sowie Pavillons: Für ein angenehmes und aushaltbares Mikroklima (auch für Pflanzen!) auf Balkon und Terrasse ist ein Sonnenschutz unerlässlich! Effektivität und leichtes Handling sind hierbei genauso wichtig wie die Einbindung ins Gestaltungskonzept.

VOM GROSSEN INS KLEINE

Die Natur ist ein komplexes System, alles bewegt sich in einem Kreislauf. Um die richtigen Schlüsse für die Veränderungen im Garten zu ziehen, muss der Blick weit hinaus über den Gartenzaun auf natürliche Pflanzengesellschaften gehen, die den klimatischen Veränderungen an ihrem jeweiligen Naturstandort ausgesetzt sind. Sie sind optimal angepasst und gedeihen auch ohne menschliches bzw. gärtnerisches Zutun.

Beim Gärtnern mit dem Klimawandel bekommen Themen, die uns schon länger beschäftigen, eine neue Gewichtung, andere werden durch aktuelle Erkenntnisse und technische Möglichkeiten jetzt erst zum Thema. Es gilt, Synergien zu nutzen. So mischt die »Aquaponik« Aquakultur (Fischproduktion) und Hydroponik (Pflanzenproduktion im Wasser ohne gewachsenen Boden). Vereinfacht wird dabei Wasser aus Fischtanks (Aquakultur) auf per Hydrokultur betriebene Pflanzenbeete gepumpt. Das Wasser enthält die Ausscheidungen der Fische, die von in der Hydrokultur lebenden Bakterien gesäubert werden. Die umgewandelten Nährstoffe stehen danach den Pflanzen für das Wachstum zur Verfügung. Das Wasser fließt anschließend wieder zurück in den Fischtank, der Kreislauf beginnt von vorn. Prädikat zukunftsfähig!

Ohne Torf, aber mit gutem Gewissen

Leider finden immer noch viel zu viele torfhaltige Erden und Substrate den Weg in unsere Gärten und Pflanzgefäße, obwohl bekannt ist, dass beim Abbau Moor- und Grünflächen zerstört werden. Dabei gibt es zunehmend wirklich verlässliche Alternativen, wie Mischungen aus Grüngut- und Rindenkompost, Holz- und Kokosfasern sowie verschiedenen anderen Substratzuschlagstoffen, in denen die Pflanzen hervorragend gedeihen. Moore sind als natürlicher CO_2-Speicher effektive Ausbremser des anthropogenen Treibhauseffektes und sollten nicht weiter als Rohstoffquelle für billige Einwegtopferden dienen. Für die langfristige CO_2-Reduzie-

rung sind diese Biotope unersetzlich. Eine natürliche Ressource, deren Zerstörung und Bewahrung wir selbst in der Hand haben. Durch die Entwässerung von Mooren und die Verwendung von Torf als Blumenerde bildet sich aus dem Kohlenstoff zusammen mit dem hinzutretenden Sauerstoff aus der Luft wieder Kohlendioxid (CO_2). Einmal trockengelegt und ihrer sensiblen, z. T. mehrere Tausend Jahre gewachsenen Schichten beraubt, sind sie unwiederbringlich zerstört. Für nachhaltige Gärtner kann es also nur heißen: »Gärtnern ohne Torf«. Ab sofort und konsequent.

Alternativen für Torf gibt es sogar im eigenen Garten: Mit Komposterde als Bodenverbesserer haben Sie stets gut gelockerte Böden und Substrate und damit die beste Ausgangslage für prächtiges und vitales Pflanzenwachstum. Eine interessante Alternative zu abgebautem Torf ist im großen Maßstab auf wiedervernässten Hochmoorböden angebautes Torfmoos, das seit einigen Jahren getestet wird.

Das Kleinklima positiv beeinflussen

Unter der zunehmenden Hitze und Trockenheit leiden vor allem städtisch-urbane Räume, frische Luft und ein gesundes Kleinklima sind nicht nur an Sommertagen selten. Rückzugsorte und luftreinigende Biotope, von denen auch die heimische Tierwelt profitiert, sind übermäßig beansprucht. Das Dilemma haben wir uns selber eingebrockt durch die Flächenversiegelung, die Kappung von Frischluftschneisen durch innerstädtische Verdichtung, Hangbebauung, Zersiedelung und die Bebauung sensibler Naturräume … kein Wunder, dass auch wir Menschen zunehmend unter Stress leiden, wir uns für unsere Zivilisationskrankheiten selbst in die Verantwortung nehmen müssen.

LINKS Nachhaltig gesunde Pflanzen bekommen Sie, wenn Sie bereits bei der Anzucht auf optimale und gleichmäßige Wuchsbedingungen achten.

EXPERTENTIPP

TERRA PRETA SELBST HERSTELLEN

Terra Preta ist ein optimal nährstoff- und wasserspeicherndes Schwarzerde-Kultursubstrat. Ihren Ursprung hat die »Wundererde« im Amazonasgebiet; Ausfuhren sind strikt verboten und alles hier Erhältliche nur »nach Originalrezept« hergestellt. Hier ein Rezept für die eigene »Wundererde«.

1. Garten- und Küchenabfälle klein schneiden und in einem Eimer (wichtig: Abflussmöglichkeit im Boden) mit ca. 10 % Mengenanteilen hochwertigen Holzkohlestaub (keine Asche, die ist von zu grober Struktur) vermischen.
2. Eine Handvoll Steinmehl zur Mineralienanreicherung hinzufügen.
3. Effektive Mikroorganismen (»EM«, im Fachhandel erhältlich) für die bessere Fermentation (Gärung) hinzugeben.
4. Den Eimer luftdicht verschließen und alles für ca. 14 Tage ruhen lassen; ideal ist eine Mitteltemperatur von 15 °C.
5. Die Mischung locker auf gut feuchtem, gelockertem und mit humusreichem Kompost verbessertem Gartenboden ausbreiten und mit einer wasserfesten Folie abdecken; die bodenaktiven Mikroorganismen und Lebewesen übernehmen die weitere Bearbeitung; alternativ können Sie auch die entsprechende Menge Gartenerde dem Eimer zugeben, wenn dieser genügend groß ist; effektiver ist aber »Freilandkultur«.
6. Nach ca. sechs Monaten ist die »Wundererde« fertig und kann im Garten zur Pflanzung verwendet werden.

Dabei gibt es Auswege: mehr Bäume, mehr Gewässer, mehr Natürlichkeit. Und wir sollten unseren Erfindergeist nutzen, natürliche Klimaanlagen so effektiv und nachhaltig wie möglich (wieder) in unseren Garten- und Lebensalltag zu integrieren.

NATÜRLICHE KLIMAANLAGEN

Bäume und Sträucher

Die Fähigkeit, CO_2 zu speichern und regulativ auf die örtlichen Klimaverhältnisse und den Wasserhaushalt einzuwirken, ist bei Gehölzen einzigartig und Schatten dabei nur ein positiver Nebeneffekt. Jeder einzelne Baum und Strauch zählt und wirkt sich positiv auf das Mikroklima und in der Konsequenz auf die globale Klimasituation aus. Die alte Losung »Klima schützen – Baum pflanzen« gilt heutzutage verstärkt.

Gewässer

Klassische Gartenteiche und naturnahe Feuchtbiotope, selbst an sich sterile Pools sind ein Klimaplus, denn daraus generiert sich natürlich verfügbares Wasser (Regen) und die nahe Umgebung profitiert bei sommerlicher Trockenheit unmittelbar von der höheren Luftfeuchtigkeit. Optimal sind Teiche mit Flach- und Tiefwasserzonen, da sie viele Lebensräume für Tiere und Pflanzen bieten.

Begrünte Fassaden

Ein besonders großes Zukunftspotenzial versprechen begrünte Fassaden in innerstädtischen Lagen, denn ihre Klimabilanz, bezogen auf die Fläche, ist atemberaubend, ebenso ihre gestalterische Wirkung. Windfang, Schalldämpfer, Luftbefeuchter, Schadstofffilter: So vielfältig ihre positiven Funktionen sind, so vielgestaltig können begrünte Fassaden konzipiert werden. Die Idee ist nicht neu, aber die Techniken mittlerweile so ausgereift, dass in vertikalen Pflanzsystemen heutzutage alle möglichen Stauden und Zwergsträucher wachsen, ja sogar baumartige Pflanzungen wie der preisgekrönte »Bosco Verticale« in Mailand möglich

sind. Ideal für luftige Höhen bei begrenztem Wasser- und Nährstoffvorrat sind alpine Pflanzen, die naturge- mäß an steinigen Böschungen und Hanglagen wach- sen. Das, was begrünte Fassaden im großen Maßstab sind, das schaffen vertikale Begrünungen im Kleinen, auf Balkonen und Terrassen.

Gründächer

Nicht ohne Grund forcieren viele Großstädte die Ent- wicklung von Gründächern. Die Vorteile, die weit über verbessertes Kleinklima hinausgehen, überstimmen jegliche Gegenargumente: Ein deutlich besseres Stadt- klima, effektive Regenwasserzurückhaltung, die Bin- dung von Schadstoffen, eine Verringerung der Lärm- belastung, ein angenehmeres Klima im Gebäude- inneren und eine Energiekosteneinsparung sind nur einige der Gründe. Dazu kommt, dass grüne Dächer vor Wettereinflüssen besser geschützt sind – begrünte Dächer halten etwa doppelt so lange wie konventio- nelle Flachdächer! Ob extensiv oder intensiv, die posi- tiven bio- und mikroklimatischen Auswirkungen von Gründächern sind ein deutliches Plus für Klima und Wohlbefinden. Dazu kommt die Optik, denn anspre- chender lassen sich Garagen- und Carportdächer sowie betongraue Flachdächer nicht verschönern.

Bewachsene Flächen

Es liegt auf der Hand, dass sich von Vegetation be- und überdeckte Flächen unter Sonneneinwirkung weniger aufhitzen als »tote Flächen«, wie Plattenbeläge, Kies- flächen oder gar geteerte Flächen. Je besser die Pflan- zung zum Boden und zum Standort passt und je dich- ter die Bodenabdeckung ist, umso effektiver funktioniert der Wasserhaushalt.

LINKS Solch fließend-natür- liche (und attraktive) Über- gänge von Land zu Wasser garantieren Ihnen stressfeste, damit stabile Biotope.

RECHTS Dieses hitzefeste Arrangement lässt seinen Pro- tagonisten, u. a. Katzenminze, Salbei und Blauschwingel, genügend Entfaltungsraum.

PROJEKT KIESGARTEN – GÄRTNERN OHNE GIESSEN

Sieht chic aus, ist – mit den richtigen Pflanzen – pflegeleicht und macht gar nicht so viel Arbeit. Nur Geduld ist nötig, bis sich alle Protagonisten in Stellung gebracht haben.

OBEN Im sandig-kiesigen Boden eines Kiesbeets gedeihen überraschend viele Pflanzenarten – ohne zusätzliche Bewässerung. Entspannter kann man nicht gärtnern.

IN WENIGEN SCHRITTEN ZUM EIGENEN KIESGARTEN

Zuallererst: Die Anlage eines Kiesgartens ist ein zuweilen schweißtreibendes Unterfangen. Gute Planung ist wichtig, damit das gewünschte, pflegeleichte Pflanzenensemble auch dauerhaft ist. Auf die Bodenvorbereitung kommt es besonders an. Dieser sollte tiefgründig gelockert und sandig-steinig sein oder mit Sand und Kies aufgefüllt werden, damit die Pflanzen genügend Wurzelraum haben und Staunässe erst gar keine Chance bekommt. Für die Pflanzenauswahl gilt: So

zusammenstellen, dass nicht alles gleichzeitig blüht, nicht zu viele Arten um Aufmerksamkeit buhlen, und es idealerweise ganzjährig etwas zu sehen gibt. Am Ende soll alles so wirken, als wäre der natürliche Zufall am Werk gewesen. Einige in zufälliger Anordnung über die Fläche verteilte Natursteine oder Kiesel unterstützen diesen Effekt. Arten-Basics: Goldwolfsmilch, Steppensalbei, Hochland-Aster, Schillergras, Katzenminze, Salbei, Patagonisches Eisenkraut, Fetthenne, Edeldistel und Reiher-Federgras.

ES GEHT LOS!

Der beste Zeitpunkt zur Anlage ist der Herbst, denn dann können gleich frühjahrsblühende Zwiebelblumen mit gepflanzt werden. Im ersten Schritt werden die Grenzen des Kiesgartens mit einer Schnur oder einem auf dem Boden gelegten Schlauch markiert bzw. abgesteckt und die oberste Erdschicht in einer Stärke von 10 bis 20 cm abgetragen. Dabei sämtliche Unkräuter bzw. Reste der vormaligen Vegetation entfernen und den anstehenden Boden noch einmal spatentief lockern. Wenn nötig Flusssand oder feinkörnigen Kies (Körnung 2/8 mm) zugeben, um eine schöne, krümelige Bodenstruktur zu erhalten. Auf der Fläche werden jetzt die Pflanzen – noch in den Töpfen – bzw. die Zwiebeln arrangiert. Wenn das Pflanzbild passt, die Pflanzen aus den Töpfen nehmen, den Wurzelballen lockern und in die Sandschicht einsetzen, dann gut wässern und noch einmal grob- und feinkörnigen Kies zwischen den Pflanzen verstreuen. Fertig! Die Flächen hin und wieder auf Unkraut kontrollieren.

In fünf Schritten zum Kiesgarten

Die Grenzen grob abstecken;  je größer die geplante Fläche, desto besser die spätere Wirkung. **Alles Bisherige** ② von der Fläche entfernen. Wurzeln nicht vergessen! Spaten, Stahlrechen und Spitzhacke helfen. **Den anstehenden Boden** ③ gut lockern und einige Schubkarren von mit größeren Kieseln durchsetztem Sand-Kies-Gemisch auf die Fläche befördern. 10 bis 15 cm Schütthöhe genügen. **Pflanzen wie gewünscht** ④ arrangieren und sukzessive mit leichtem Druck im Substrat fixieren. **Optional noch eine dünne Schicht** ⑤ feinkörnigen Kies (8/16 mm) aufbringen und alles gut wässern.

MEHR ABWECHSLUNG IM BEET: GEMÜSEGARTEN 2.0

Wenn wir nur nach unseren bisherigen Anbauphilosophien gärtnern, kann es in Zukunft passieren, dass wir buchstäblich die nächste Erntesaison verpassen.
Die folgenden Strategien verschaffen uns etwas Luft, damit das nicht geschieht.

- Spezielle Sorten, auch »Exoten« aus wintermilden Regionen wählen.
- Ganzjährige Bodenbedeckung (Gründüngung); zusätzlich Mulch aufbringen.
- Anbautermine am aktuellen Wettergeschehen ausrichten, Vorkultur sensibler Arten.
- Optimierung der Pflanzenernährung, Bewässerung und Bodenbearbeitung.
- Vorbeugende Pflanzenschutzmaßnahmen.
- Hochbeet anstatt Bodenbeete.
- Hügelbeete statt klassischem Gemüsebeet.

Die Problemlage »mehr Hitze und Trockenheit« können wir nur lösen, indem wir die Speicherfähigkeit des Bodens für Wasser erhöhen und gleichzeitig dessen Erosionsgefährdung vermindern. Dabei hilft der Anbau von Zwischenfrüchten in Form einer Gründüngung und regelmäßiges Einarbeiten organischen Materials wie Kompost. Niederschlagswasser gilt es optimal zu nutzen, und idealerweise speisen Sie damit gleich eine zusätzliche Bewässerung. Eine Tröpfchenbewässerung ist besser dosierbar. Um Verdunstung zu minimieren, hilft die regelmäßige Lockerung der oberen Bodenschichten in Kombination mit gezielter Bewässerung der Wurzelbereiche und einer Mulchschicht.

Neue Perspektiven aus der Forschung

In der Pflanzenforschung ist die »wassereffiziente Nutzpflanze« Thema Nummer eins. Doch zu absolut dürretoleranten Pflanzensorten gerade bei Gemüse ist es

noch ein weiter, schwieriger Weg. Pflanzen mit optimierter »Wassernutzungseffizienz«, die also ein Maximum an Biomasse bei minimalem Wasserverbrauch produzieren, sind noch nicht gartentauglich.

Trockentoleranz ist das Ergebnis komplexer Wirkmechanismen, die nur durch ein Zusammenspiel vieler verschiedener zellinterner Vorgänge optimiert werden kann. Und die Optimierung eines Faktors darf nicht zur Verschlechterung eines anderen führen, vor allem darf der Ertrag nicht leiden.

Eine ganzjährig ungünstige Niederschlagsverteilung sowie generell zu milde Winter- und zu heiße Sommermonate können nur gemeistert werden, wenn Sie auf ein ganzes Maßnahmenpaket im Gemüsegarten zurückgreifen. Das besteht aus unterstützenden Notfallmaßnahmen wie Gießen und der Optimierung des Gartens und des Gärtnerns sowie durch die Wahl neuer, besser angepasster Sorten. Der Klimawandel ermöglicht gerade im Gemüseanbau eine deutliche Ausweitung des Anbauzeitraums. So ist beispielsweise der Salatanbau durchaus bis in den November hinein möglich, unter schützendem Vlies kann in milden Regionen wie dem Rheintal sogar ganzjährig Mangold oder Spinat angebaut werden. Der höhere CO_2-Gehalt in der Atmosphäre lässt die Pflanzen generell besser wachsen. Überhaupt drängen sich interessante Gemüsegartenneulinge förmlich auf: Warum also nicht auch mal Aubergine, Honig- und Wassermelone, Süßkartoffel oder Artischocke im Freiland probieren? Im großen Stil ist der Anbau von Sojabohnen schon lange Thema. Da beliebte Klassiker, wie Möhre, Spinat, Kohlrabi, Kopfsalat u. v. a., bereits häufig unter Trocken- und Hitzestress leiden, macht ein Perspektivwechsel hin zu

Arten, die unter den (für uns) neuen klimatischen Bedingungen zur vollen Fruchtreife gedeihen, schon aus rationalen Gründen Sinn. Emotional spricht gegen sonnenverwöhnte Exoten zumeist nur die Furcht vor frostigen Überraschungen und ausbleibenden Erfolgserlebnissen sowie die Scheu, eingespielte Gartenrituale zugunsten neuer Methoden und Anbaufolgen aufzugeben. Aber: Wer nichts wagt, der erntet (schon bald) nichts (mehr).

Wichtig ist auch ein intensiver Blick auf unsere Gewächshäuser und die darin gedeihenden Kulturen. Denn trotz breitgefächerter Be- und Entlüftungsmöglichkeiten sowie ergänzender Schattierungen, potenziert sich die Gefahr von Überhitzung unter den überhitzen Jahresverläufen zur unkalkulierbaren Gefahr für die temperatur- und luftfeuchtigkeitssensiblen Kulturen. Das A und O ist hier ein gut funktionierendes

Zusammenspiel aus Schattierung und einer hocheffektiven Belüftung und wenn nötig auch einer kühlenden Beregnung oder Nebelkühlung, damit weder dicke noch heiße Luft entsteht.

NEUE OBSTSORTEN

Es ist schier unglaublich, welche Vielfalt an Obst und Gemüse im Garten angebaut werden kann. Arten und Sorten, deren Anbau vor einigen Jahren noch als unmöglich und überambitioniert galt, können heutzutage nahezu problemlos mit Erfolg zu erträglichen Ernten kultiviert werden.

Deutlich mildere Winter und generell längere Phasen sommerlicher Wärme erweitern die Anbaumöglichkeiten im Freiland in kaum für möglich gehaltenen Dimensionen, sodass viele wärme- und sonnenliebende Arten in Zukunft nicht nur in den milden und sonnenverwöhnten Lagen Süddeutschlands, sondern in vielen anderen Regionen angebaut werden können. Für Anbauregionen wie das Alte Land in Norddeutschland ergeben sich so ganz neue Perspektiven.

Für den kommerziellen Obstbau etwa sind zwei Wochen früher blühende Obstbäume ein entscheidender Faktor. Ganz neue Sorten rücken in den Fokus. Der prominente Apfel 'Braeburn', der ursprünglich aus Neuseeland stammt, kann erst seit etwa einer Dekade mit guten Erträgen in Mitteleuropa angebaut werden. Die Ablösung von 'Jonagold' und 'Elstar' wird nicht mehr lange dauern und viele alte Sorten wie 'Holsteiner Cox' haben mit der hochsommerlichen Hitze und verfrühten Ernte Probleme, die nur durch viel Aufwand wie dem Beregnen der Kronen, um diese abzukühlen, abgemildert werden können. Es gilt, neue Sorten zu finden, die in großem Stil ökologisch verträglich und

ökonomisch vertretbar angebaut werden können. Für Norddeutschland sind die momentanen Favoriten: 'Kanzi', 'Junami', 'Wellant' sowie kompakte »Snack-Äpfel« wie 'Rockit'.

Doch es gibt auch Wermutstropfen, die einen übergroßen Enthusiasmus bremsen. Höhere Durchschnittstemperaturen und eine längere Vegetationsperiode schließen eben Frost und Spätfröste nicht aus. Dazu kommt ein Heer von neuen Schädlingen und Krankheiten, wie die Kirschessigfliege oder die Faulbrut bei Bestäuberinsekten und viele mehr.

Trendsetter etablieren sich

Keine Frage, einstige Exoten und reine Gewächshausarten beginnen, auch draußen Wurzeln zu schlagen. Ein Riesenplus für die selbst angebaute Geschmacks- und Vitaminvielfalt! Nahezu im Wochentakt erweitern zudem Neuzüchtungen und Hybridsorten das kaum noch zu überschauende Sortiment an Anbauoptionen. Buchstäblich für jede Geschmacksrichtung gibt es Arten und Sorten. Die Entscheidung, welche Arten gepflanzt bzw. gesät werden sollen, ist nur mit Selbstversuchen möglich.

Neben klassischen Exoten unserer Breiten, wie Feige, Tafeltrauben und Pfirsich, gibt es von vielen Obstarten neue, besser an unser Klima angepasste Sorten. Bei den Kiwis sind das die Sorten 'Julia®', 'Solissimo®', 'Renact®' und 'Vitikiwi®', bei der Aprikose 'Lotte', 'Olga' und 'Eva'. Dazu kommen allerhand »Neuentdeckungen« um einen Platz im Garten. Schon aufgrund der auch weiterhin gegebenen Frostgefährdung ist die Kultur von Papau *(Asimina triloba)*, Andenbeere *(Physalis peruviana)*, Guave *(Psidium guajava)*, Granatapfel

LINKS Wenn uns der Klimawandel einen Vorteil bringt, dann die Möglichkeit, sonnen- und wärmeliebendes Obst erfolgreich anzubauen.

RECHTS Feigen, eine zuckersüße Köstlichkeit. Ihr Anbau gelingt am besten mit winterfesten Sorten, etwa 'Paradiso' oder 'Violetta'.

EXPERTENTIPP

GRÜNDÜNGUNG UND KOMPOST

Durch Einsaaten im September/Oktober von Gründüngungspflanzen, z.B. mit Buchweizen *(Fagopyrum)*, Bienenfreund *(Phacelia)* und Inkarnat-Klee *(Trifolium incarnatum)*, und durch Einarbeitung von frischer Komposterde verbessern Sie die Bodenstruktur und die Krümelstabilität nachhaltig.

FROSTGARE

Durch Frosteinwirkung entsteht im Winter in feinkörnigen Böden eine spezielle Bodenstruktur mit charakteristischen Eiskristallen, die zum einen den Boden entwässern und zum anderen sein Volumen erweitern, wobei größere Bodenaggregate zu kleinteiligen aufgesprengt (»Frostsprengung«) werden.

Für lockeres und aufnahmefähiges Bodensubstrat ist diese sogenannte Frostgare überaus bedeutend. Bleibt sie aus, etwa durch zu milde Winterperioden, dann müssen Böden im Frühjahr zusätzlich und tiefenwirksam bearbeitet werden, um »fit« zu werden. Gerade bei ausbleibender Frostgare ist dies essenziell, um die Strukturgüte und Funktionalität (Wasserhaltung, Nährstoffspeicherkapazität) über den Jahres- und Kulturwechsel zu erhalten!

MULCH

Durch wärmende und wasserspeichernde Mulchschichten (Rasenschnitt, Laub, Rindenhumus, Mulchvlies etc.) vermeiden Sie zudem übermäßigen Wasserverlust über die Zeit zwischen den Kulturen.

(Punica granatum), Papaya *(Carica papaya)* und Acerola *(Malpighia glabra)* allerdings nur in zuverlässig geschützter, wintermilder Lage oder gleich im Topf oder Kübel sinvoll. Anspruchsvolle Wein-, Pfirsich- und Aprikosensorten benötigen zur vollen Fruchtreife eine Mindestdurchschnittstemperatur von 10,2 °C. Und weil durch ausbleibende Frostperioden mehr und mehr Schädlinge über den Winter kommen, steigt leider auch die Gefahr, das neue Lieblingsobst an eben jene zu verlieren. Leimringe gegen den Kleinen Frostspanner oder das Einnetzen von Tafeltrauben mit feinmaschigen Kulturschutznetzen helfen, wenigstens größere Invasionen von den Früchten fernzuhalten. Ein ernstes Problem indes ist ein Befall von Wein mit Echtem Mehltau *(Uncinula necator)*, dem nur durch komplexe Abwehrstrategien beizukommen ist, zumeist aber nicht ohne größere Bestandsschädigungen.

Probieren, probieren, probieren

- **Goji-Beere** *(Lycium barbarum* 'Instant Success®'): Kompakter Wuchs mit knallig orange-roten Beeren; robuste und ertragreiche Sorte, Ernte ab August.

- **Cranberry** *(Vaccinium macrocarpon* 'Red Balloon' und 'Red Star'): Vitale, ertragreiche Sorten mit großfruchtigen Beeren; schöne Bodendecker für saure, humose Böden. Ernte ab September.
- **Ovale Kumquat, Zwergorange** *(Fortunella margarita):* Leckerbissen für Zitrusfans; benötigt nährstoffreiche, durchlässige Substrate in sonnig-warmem Weinbauklima.
- **Limette** *(Citrus):* Attraktiver und köstlicher Alleskönner, Vitaminkick inklusive; benötigt sonnig-warme, windgeschützte Balkone oder Terrassen; Tolle Arten: Australische Fingerlimette *(C. australasica)*, Kaffir-Limette *(C. hystrix)* und Tahiti-Limette *(C. aurantifolia).*

STAUDEN & CO. – DIE STUNDE DER ÜBERLEBENSKÜNSTLER

Ohne Pragmatismus kommt man in der Natur nicht weit. Immer nur auf vertraute Abläufe und Regelmäßigkeiten zu setzen, schafft weder Dauerhaftigkeit noch Vielfalt. In der Anpassung an variierende Lebensbedingungen liegt das Erfolgsgeheimnis unserer Pflanzenwelt, vor allem in Stresssituationen. Stauden und Co. sind Spezialisten darin, auch unter widrigsten Bedingungen ihre Blüten- und Samenbildung zu vollziehen – es geht schließlich ums nackte Überleben.

So wundert es nicht, dass sich für nahezu jeden Standort und jedwede Lebensbedingung Arten finden lassen, die können, was viele andere nicht können: Überleben in Extremlagen. Für extrem heiße und trockene Standorte benötigt es selbstzufriedene Sonnenanbeter und Arten mit Pioniercharakter, die nur ein wenig Fläche und Raum benötigen. Mit diesen vollkommen pflegeleichten Gestaltungen sorgen Sie für ganzjährig attraktive Pflanzungen, und das auch noch ökologisch. Klima- und Naturschutz in einem! Die dichte, dauerhafte Pflanzendecke verhindert ein übermäßiges Austrocknen des Bodens und damit eine Schädigung der Bodenstruktur und der Bodenlebewesen. Wenn Ihnen monothematische oder monochrome Pflanzungen nicht spannend genug erscheinen, dann streuen Sie in

locker-zufälliger Verteilung einfach einige einjährige Arten ein. Das sorgt garantiert für farbige Abwechslung.

Hitzefeste Teppichpflanzungen
- **Mexikanisches Berufkraut** *(Erigeron karvinskianus):* Reichblühende und sich fleißig selbst aussäende Art mit asternähnlichen, zweifarbigen Blüten; Pflanzenbedarf 9 bis 11 Stück/m².
- **Kaukasus-Storchschnabel** *(Geranium renardii):* Völlig unkomplizierte und anpassungsfähige Art mit aparten Blüten; Pflanzenbedarf 10 bis 12 Stück/m².
- **Blut-Storchschnabel** *(Geranium sanguineum):* Robust, anspruchslos, attraktiv; intensiv leuchtend rote Blüten, teilsweise auch rötliche Herbstfärbung; Pflanzenbedarf 7 bis 9 Stück/m².
- **Polster-Flammenblume** *(Phlox subulata):* Attraktive, flache Polster; wintergrün; 18 bis 20 Stück/m².

- **Mauerpfeffer** *(Sedum acre):* Unzählige, leuchtend gelbe Blüten; auch perfekt für extensive Dachbegrünungen; Pflanzenbedarf 18 bis 20 Stück/m².
- **Wollziest** *(Stachys byzantina):* Reizvolle, wintergrüne Schönheit mit auffällig behaarten, silbrigen Blättern; schöne Sorten: 'Silky Fleece', 'Silver Carpet'; Pflanzenbedarf 7 bis 9 Stück/m².
- **Sand-Thymian** *(Thymus serpyllum):* Unzählige, wunderschöne purpurrote Blüten; findet überall seine Nische; wintergrün; Pflanzenbedarf 15 bis 17 Stück/m².

Einjährige und kurzlebige Stauden
- Große Knorpelmöhre *(Ammi majus)*
- Kornblume *(Centaurea cyanus)*
- Schlafmützchen *(Eschscholzia californica)*
- Witwenblume *(Scabiosa atropurpurea)*
- Patagonisches Eisenkraut *(Verbena bonariensis)*

Einjährige und kurzlebige Gräser
- Mähnen-Gerste *(Hordeum jubatum)*
- Wollhaargras *(Melinis repens)*
- Lampenputzergras *(Pennisetum)*

PROJEKT STEPPEN- & PRÄRIEPFLANZEN

Steppenpflanzen brauchen wenig Wasser und Nährstoffe und entwickeln sich auch auf kargem Boden prächtig. Ihre asketische Lebensweise ist das Ergebnis eines langen Anpassungszyklus an extreme Standortbedingungen ihrer Ursprungsregionen.

OBEN Sonnenbraut (*Helenium*) fühlt sich in großflächigen, extensiven Steppen- und Präriepflanzungen besonders wohl und entfaltet ab dem Hochsommer ihre Blütenpracht.

Der Anblick eines den natürlichen Vorbildern nahekommenden Steppengartens ist pure Faszination: Das sanfte Wiegen zarter Gräserrispen im Zusammenspiel mit expressiven Blütenstars in locker-lückiger Platzierung ist von eindrücklicher Schönheit.

Pflanzen aus Steppengebieten, also den gemäßigten Trockenzonen des Mittelmeerraumes, Asiens und Nordamerikas, verfügen über raffinierte Mechanismen, die es ihnen ermöglichen, sich bei extremer Trockenheit in unterirdische Überdauungsorgane, wie Wurzel-

oder Stängelknollen, Zwiebeln, zurückzuziehen. Durch ihr weit- und tiefreichendes, gut verzweigtes Wurzelsystem können sie an Wasser in einem großen Radius gelangen und effektiv speichern. Schmale, silbrige oder behaarte Blätter vermindern die Verdunstung. Wenn dann einer der seltenen Niederschläge fällt, schießen die Pflanzen förmlich aus dem Boden und bieten alles auf, was möglich ist.

Offen, trocken, sonnig warm, mit gut durchlässigem, steinig-sandig-kiesigem Boden, nährstoffarm und windexponiert können die Standorte sein, damit sich charakteristische Arten etablieren können.

MISCHPFLANZUNGEN

Minimaler Aufwand, maximaler Effekt. Standortspezifische Mischungen mit Arten in festgelegten Stückzahlen pro Quadratmeter entwickeln sich. Dank der natürlichen Dynamik entstehen dennoch nur in den Grundzügen ähnliche, letztlich aber doch verschiedene Bilder. Für klimafitte Gärten sind vor allem Mischungen interessant, die kaum bis überhaupt kein zusätzliches Wasser benötigen. Von den über 30 Mischungen des Bundes deutscher Staudengärtner sind das z. B. »Blütenmosaik®« oder »Indianersommer®«. Nachhaltigkeit entsteht durch den standortoptimierten, langfristig stabilen Pflanzenmix. Einwandernde Arten sind dabei eine Bereicherung, bei der primär Gesamtwirkung und Stabilität zählen. Die Pflege beschränkt sich auf Wässern in der Anwachsphase, Unkrautkontrolle und Auslichten sowie den Komplettrückschnitt im Frühjahr.

Prachtvolle Prärie im eigenen Garten

Die priorisierte Fläche 1 tiefgründig abräumen und kräftig lockern. **Schwere Böden durch Zugabe** 2 von Quarzsand, Kies und Kompost verbessern und geeignetes Substrat locker (!) aufbringen. Komposterde ist immer gut! **Die Pflanzen grob arrangieren,** 3 dabei den Flächenbedarf beachten. Je lückiger und unsymmetrischer, desto natürlicher – und schöner. **Kulturtöpfe entfernen,** 4 Wurzelballen auflockern und die Pflanzen ohne Druck ins Substrat setzen. Jetzt wäre noch Zeit für Korrekturen des Arrangements … **Die Fläche mit** 5 einer dünnen Substratschicht abdecken und alles gut angießen.

WASSERMASSEN BÄNDIGEN

Ohne Wasser ist weder Leben noch ein Garten möglich, aber zu viel Wasser ist schlichtweg gefährlich, sogar lebensgefährlich. Die Bilder der letzten »Jahrhundertfluten«, Überschwemmungen, Schlammlawinen und Hangabgänge haben sich ins Gedächtnis eingebrannt..

Zu wenig Wasser – das lässt sich meist noch gut handhaben und ist für Garten und Pflanzen nicht allzu tragisch. Mit dem ersten frischen Tropfen sind die allermeisten Arten zurück im Spiel. Zu viel Wasser indes sorgt für eine wahre Schwemme an Problemen, wobei staunasse Böden fast noch das geringste Problem sind.

WOHIN MIT DEM GANZEN WASSER?

Allein die mechanische Wucht, die von Starkregenereignissen und den damit verbundenen Überschwemmungen ausgeht, verursacht Schäden ungeahnten Ausmaßes. Gärten, die sprichwörtlich weggespült werden – keine Seltenheit. Und sehr oft sind wir machtlos. Dennoch gibt es wichtige Stellschrauben, damit die aufbrausenden Wassermassen so abfließen, ohne Schäden an Pflanzen und Gartenelementen zu verursachen bzw. diese wenigstens überschaubar zu halten, – oder gar nicht erst auftreten.

STARKREGEN

Regen ist Niederschlag in flüssiger Form (Wassertropfen mit einem Durchmesser größer 0,5 mm bis höchstens 5 mm), der in Wolken entsteht. Als Starkregen werden große Niederschlagsmengen in einer definierten Zeiteinheit beschrieben, die schnell zu Überschwemmungen und Bodenerosion führen. Die Schwellenwerte des DWD sind dabei maßgeblich, denn daran koppeln sich entsprechende Wetterwarnungen.

- Regenmengen ≥ 10 mm/1 Std. oder ≥ 20 mm/6 Std. = markante Wetterwarnung
- Regenmengen ≥ 25 mm/1 Std. oder ≥ 35 mm/6 Std. = Unwetterwarnung

Man spricht von einem Starkregen, wenn innerhalb von zehn Minuten 10 l Niederschlag auf einer Fläche von 1 m² niedergehen. Die Wetterstatistik für Deutschland führt einige Werte mit teils unglaublichen Regenmengen auf, die vor allem lokale Extremereignisse dokumentieren. Der unangefochtene Rekord: 312 l/m² am 12. August 2002 in Zinnwald im Erzgebirge. Für die meisten Teile von Deutschland indes gilt – oder besser galt –, dass ein Regen von 60 bis 80 l pro Tag oder mehr nur einmal in 100 Jahren vorkommt. In den Hochgebirgslagen des Schwarzwaldes und der Alpen liegt die Schwelle zum Extremen bei über 100 l pro Tag.

WIE VERÄNDERT STARKREGEN UNSERE GÄRTEN?

Im Detail – und auch in Gänze! Denn neben zunehmender Hitze und Trockenheit sind die unregelmäßigen, dafür umso heftigeren Niederschläge die Symptome des Klimawandels, die wir im Garten direkt und mit ganzer Wucht zu spüren bekommen. Die Auswirkungen sind drastisch, betreffen alle relevanten Gartenelemente und natürlichen Ressourcen. Böden vernässen, werden zu schwer durchwurzelbarem »Matsch« oder gleich schichtweise weggespült. Pflanzen kämpfen mit den entsprechenden Folgen und leiden zusätzlich unter der rohen Wasserkraft – Blüten und Samenstände werden im großen Stil zerstört, Triebe und Halme umgeknickt. Die Niederschläge setzen auch allen Materialien im Garten zu und in Kombination mit hohen Temperaturschwankungen und auszehrender Sonnenstrahlung kommen Hölzer, Steine und Stoffe an ihre Belastungsgrenze – anfangs optisch durch Ausblühungen bzw. -blutungen und Oberflächenrisse, nach einiger Zeit auch funktionell durch Frostsprengungen, Rost oder Pilzbefall. Die Auswirkungen von Wasserstauungen und Hochwasser- oder Überschwemmungsszenarien für Haus und Grund sowie Mensch und Tier sind in ihrer Folgenschwere kaum abschätz- und darstellbar, aber im schlimmsten Fall existenzvernichtend, mindestens aber -gefährdend. Effektive Lösungen sind gefragt, um wenigstens einen Mindestschutz anzubieten.

Effektive und realisierbare Anpassungsstrategien

Wir müssen eine Art Doppelstrategie fahren, um einerseits für einen rascheren Wasserabzug zu sorgen und andererseits die Aufnahmekapazität für Niederschläge unserer Gärten spürbar zu erhöhen. Das heißt, mehr Regenwasser (zu unseren Gunsten) zu nutzen und da, wo ein Zuviel sofort zu negativen Auswirkungen führt, es auf dem effektivsten Weg aus unseren Gärten ab- bzw. wegzuleiten. Idealerweise sollte das anfallende Niederschlagswasser nicht kostenintensiv in kommunale Abwassernetze eingespeist werden, sondern auf dem Grundstück im Boden versickern. So bleibt der

natürliche Kreislauf geschlossen und die Grundwasser-neubildung gewährleistet. Angenehmer Nebeneffekt: Sie sparen sich einen Teil der Abwassergebühren und können diese direkt in die Anlage von Sickerzonen, »Regenbeeten«, Wasserspeichern, wie Regentonnen und Zisternen, Mulden und eine notwendige Entwäs-serungstechnik fließen lassen.

Bevor es jedoch ans Neu- und Umgestalten sowie Neu- und Umbauen geht, ist ein Blick auf die vorhan-dene Gartenausstattung, eine Bestandsanalyse nötig – vielleicht oder am besten sogar direkt während eines stärkeren Regens. Dann wissen Sie gleich, woran Sie sind. Checken Sie die Funktionstüchtigkeit von Regen-rinnen, Ab- und Einläufen, schauen Sie sich befestigte und versiegelte Flächen, wie Einfahrten, Terrasse und Wege, sowie den Rasen hinsichtlich etwaiger auffälliger Unebenheiten (Mulden, Senken etc.) an. Diese kön-nen durch Fehler bei der Anlage (instabile Gründung) oder durch die tägliche Nutzung entstanden sein. Auch falsch ausgerichtete oder zu geringe Gefälle von Wegen und Flächen werden bei Starkregen sichtbar. Auch Dächer und Böschungsbereiche sind auf Wetterfestig-keit und rasche Wasserableitung (Dichtigkeit, Standfes-tigkeit, Dränagefähigkeit) zu kontrollieren. Bei diesem ersten Gartenrundgang lassen sich auch gleich noch ein, zwei zusätzliche Regensammler einplanen.

Was tun, wenn es sintflutartig regnen soll?
- Wettervorhersagen verfolgen, vorbereitet sein.
- Dachrinnen, Einlaufkästen und Schmutzfänger von Laub etc. befreien.
- Alles, was raschen Wasserabzug verhindert, wegräumen (Spielgeräte, Töpfe und Kübel).
- Möbel und Accessoires ins Trockene stellen.

LINKS   Möglichst viel Reten-tionsraum, wasserdurchlässi-ge Flächen und »regenfeste« Bepflanzung: So brauchen Sie Starkregen nicht zu fürchten.

- Rückstauklappen im Keller auf Funktionstüchtigkeit überprüfen.
- Sämtliche Fenster auf Dichtheit überprüfen und fest verschließen.
- Schöne Blütenstände fotografieren oder als Schnittblumen verwenden.
- Sensible Kulturen mit Planen oder Netzen schützen, Pflegearbeiten auf später verschieben.
- Wasseraufnahmekapazität erhöhen: Wasser-sammelbehälter leeren.
- Wertvolle und persönliche Dinge vorsichtshalber in Sicherheit bringen.

Starke Maßnahmen gegen Starkregen
Gute Vorbereitung ist (fast) alles, und weil niemand genau weiß, wo und wann und in welcher Intensität der nächste Starkregen niedergeht, sollte der Maßnah-menkatalog (Entsiegelung – Versickerung – Speiche-rung) rasch umgesetzt werden. Im Kern geht es darum, das Regenwasser effektiver für den Garten zu nutzen und dabei die Gefahren eines Überangebotes so gut wie möglich zu minimieren. Ein einwandfreies und in seinen Dimensionen an Ihre persönliche Haus- und Gartensituation angepasstes Entwässerungssystem ist das A und O. Erst danach dürfen auch gestalterische Aspekte, etwa schwellen- oder stufenlose Übergänge von innen nach außen, in Betracht gezogen werden.

Entsiegelung
Ein entscheidender Faktor, gerade in städtisch-urbanen Räumen. Wenn möglich dann sehen Sie für Ein- und Zufahrt, Gartenwege, Terrasse und sonstige befestigte Flächen stets Materialien und Konstruktionsarten vor, die neben Werthaltigkeit stets raschen Wasserabzug garantieren: Kies/Splitt, Rasenfugenpflaster, Beton-porensteine, Rasengittersteine, Holz, wassergebun-dene Wegedecken sowie offene oder weite Fugen und ein angemessenes Gefälle nach DIN-Regeln. Die Größe aller Flächen sollte sich am tatsächlichen Gar-tenalltag bemessen. Einmal befestigte und versiegelte Flächen wieder wasseraufnahmefähig zu machen ist immer sinnvoll, mitunter aber auch mit hohem techni-

schen und finanziellem Aufwand verbunden. Dafür minimieren Sie Gefahrenpotenziale. Keine Angst, moderne Strukturwaben halten Kies- und Splittschüttungen auch dann flächenstabil, wenn starker Regen niederprasselt.

Versickerung

Ein wichtiger Beitrag für funktionierende Wasserkreisläufe, vor allem in Hinblick auf das Grundwasser. Großes gestalterisches und ökologisches Potenzial bieten Mulden- oder Flächenversickerungen, die anfallendes Regenwasser auf bewachsene Flächen leiten. Die Bewässerung der Bepflanzung ist nur ein positiver Nebeneffekt. Durch die langsame Versickerung, das heißt die sukzessive Durchdringung der Boden- und Gesteinsschichten, wird das Wasser gereinigt – und ist so Basis für sauberes Grundwasser. Sickermulden sind überdies wahre Kleinbiotope mit wichtiger Funktion fürs Mikroklima im Garten. Allerdings ist das nur bei gut durchlässigen Böden möglich – im Zweifel sind aufwendige Dränagen, ein partieller Bodenaustausch oder die Installation von Sickerrohren angesagt. Diese Arbeiten sollten Sie auch aus versicherungstechnischen Gründen nur von einem Fachbetrieb ausführen lassen. Sickerschächte und Rigolen kommen dann infrage, wenn die Entwässerung punktuell oder linienförmig, z. B. bei räumlich beengten Situationen erfolgen soll. Die nachhaltige Grundwasserreinigung entfällt allerdings, da der Filterungsprozess erheblich verkürzt wird; einige Kommunen erkennen diese Verfahren daher nur eingeschränkt als Versickerung an.

Speicherung

Die Wassertonne war, ist und bleibt die einfachste und kostengünstigste Lösung zur zeitweisen Speicherung des auf Dächern anfallenden Regenwassers. Die Kapazitäten indes sind begrenzt, und auch gestalterisch passen die wuchtigen Fässer und Tonnen nicht immer in

die Gestaltung. Am besten fügen sie sich immer noch in Gebäudenähe ins Bild, wo sie über Fallrohre mit anfallendem Dachwasser gespeist werden.

Unterirdische Zisternen sind eine elegantere, wenn auch kostenintensivere Methode, zumal ihr Speichervermögen um einiges größer ist. Unverzichtbar sind zuverlässig funktionierende Überläufe, entweder zu einer Versickerung oder ins örtliche Abwassernetz. Eine Nachrüstung ist aufwendiger als die Neuanlage im Zuge von Gartenneuanlagen oder Hausneu- und -umbauten, aber problemlos machbar. Der Bereich, in dem sich die Zisterne befindet, entfällt für tiefwurzelnde und schwergewichtige Bepflanzungen, aber zugunsten des effektiven Wasser-(ein-)sparpotenzials sollte das kein Problem sein.

Gründächer

Unterschätzen Sie die Wirkung von Dachbegrünungen durch pflegeleichte Bepflanzungen auf Garagen, Gartenhäusern und Vordächern nicht! Diese natürlichen Klimaanlagen können, abhängig von Niederschlagsmenge und Schichtaufbau, bis zu 90 % des anfallenden Regenwassers speichern.

REGENGÄRTEN – EINFACH GENIAL

Aus der Not eine Tugend zu machen, sprich aus Problemen Lösungen zu generieren, ist eine der Antriebsfedern in Wissenschaft und Technik. Regengärten sind so eine »Notlösung«. Initialzündung dieser raffinierten, aus den USA stammenden Regenwassernutzung sind viel zu niedrige Grundwasserspiegel durch einen gestörten Wasserhaushalt infolge übermäßiger Versiegelung, Wassernutzung und industrieller Landnutzung (Trockenlegung von Flächen bei gleichzeitiger Intensiv-

LINKS Hier kann sich das Regenwasser seinen Weg selbst suchen, dabei rasch versickern. Wichtig bei Mauern und Co.: rückseitige Dränage.

RECHTS Bei Hanglagen und Böschungen sind stabilisierende Vegetationsmatten das Mittel der Wahl, damit alles an Ort und Stelle bleibt.

bewässerung) ganzer Landstriche. Ihr Prinzip ist denkbar einfach: Feuchtliebende Pflanzen werden an regen- bzw. wassergünstigen Standorten – der tiefsten Stelle im Garten oder in künstlichen Vertiefungen und Mulden, kombiniert mit porösen gut dränierenden Böden – in Stellung gebracht. Anfallendes Regenwasser wird verbraucht und vorgefiltert, bevor es in tiefere Bodenschichten abfließt. Genial!

WASSER IST GELD
Oder eben nicht. Wenn Sie Niederschlagswasser nicht in kommunale Netze abgeben, sondern entweder direkt vor Ort (im Garten) versickern oder als »Gartenwasser« verwenden, dann entlasten Sie sich um die

sonst fälligen Gebühren und halten wichtige Kapazitäten im Abwassernetz frei. Aktiver Hochwasserschutz! Alle diesbezüglichen Erlasse und Gebührenordnungen sollten entsprechend beachtet werden, denn bei Nichtzahlung oder/und Falschmeldungen bzgl. abrechnungsrelevanter Flächen drohen hohe Bußgelder und Ihrer Gemeinde fehlen wichtige Daten zur Netzberechnung. Das kann fatale Folgen haben.

Gartenwasserzähler
Da Regen nie zuverlässig und gleichmäßig fällt, ist die Installation eines separaten Wasseranschlusses im Garten mit eigenem Zähler für zusätzliche Wassergaben während der Trockenphasen eine sinnvolle Erleichterung des Gartenalltags.

Regenwassernutzung im Haus
Wenn Sie noch einen Schritt weiter gehen wollen (können), dann empfiehlt sich der Einbau einer Regenwassernutzungsanlage, die aus Regenwasser Brauchwasser, etwa für die Toilettenspülung, generiert und beachtliche Mengen von wertvollem und kostenintensivem Trinkwasser spart. Systeme, die zusätzlich auch noch die Bewässerung abdecken und Schnittstellen zum Smartphone bieten, sind mehr als eine Überlegung wert.

Bei allen Baulichkeiten erkundigen, ob baurechtliche Genehmigungen notwendig sind!

»Eine hundertprozentige Absicherung gegen die Folgen von Starkregen ist technisch nicht möglich. Ein gewisses Risiko bleibt immer.«
Otto Schaaf, Stadtentwässerungsbetriebe Köln

LINKS   Kreativität hilft nicht nur, Bares zu sparen, sondern schafft hier den perfekten Übergang von Fallrohr zu Gartenschlauch. Clever!

EXPERTENTIPP
ALLES, WAS RECHT IST

Eigentumsschutz und Regenwassernutzung sind ausgesprochen wichtig. Starkregenereignisse wirken aber über den Gartenzaun hinaus – daraus resultierende Pflichten sollten Sie kennen!

IMMER DIE RECHTSLAGE IM BLICK HABEN

Jede Maßnahme, die Sie zum Schutz vor Wasserschäden am Grundstück, im Garten und am Gebäude treffen bzw. die Regenwasser effektiver nutzt, es also nicht ins kommunale System einleitet, muss immer den gültigen Regeln der Technik (z.B. DIN EN 752, DIN EN 12056, DIN 1986-100) und den jeweiligen örtlichen Bestimmungen (»Entwässerungssatzungen«) entsprechen. Die gemeindespezifischen Regelungen unterscheiden sich in Details, nehmen Sie aber insofern in die Pflicht, dass Sie alle abrechnungsrelevanten Flächen und Flächenänderungen (Stichwort »Niederschlagsentgelt«) dem örtlichen Versorger fristgerecht melden müssen. Zur Regulierung von Schäden am eigenen, fremden und öffentlichen Eigentum schreiben Versicherungen konkrete Maßnahmen vor, um überhaupt Beachtung zu finden. Mindestschutz ist oberste Pflicht! Bei besonders starken Ereignissen (»höhere Gewalt«) entfällt die kommunale Haftung und Versicherungen greifen nicht in vollem Umfang oder überhaupt nicht.

PROJEKT SICKERZONE –
WEG MIT DEM WASSER

Kein Klimagarten ohne! Effektiver, attraktiver und kostengünstiger können Sie Regenwasser nicht aus Ihrem Garten »verschwinden« lassen. Und der Aufwand ist überschaubar!

OBEN Überschwemmung ade: In der an die Terrasse angrenzenden Sickerzone kann Regenwasser in kurzer Zeit versickern – auf dem Grundstück. Perfekter Grundwasserschutz.

MEHR SICKERZONEN BRAUCHT DAS (GARTEN-)LAND!

Vor-Ort-Versickerungen in Form von begrünten Sickergräben und -mulden belasten nicht die örtlichen Vorfluter, dienen der Grundwasserneubildung, sind bis auf saisonalen Pflanzenschnitt nahezu wartungsfrei und benötigen keine baurechtliche Genehmigung. Zudem sind sie ein markantes Gestaltungselement; eine starke Einheit aus Optik und Funktion. Der Boden, durch den versickert wird, darf nicht vorbelastet (Überdüngung, Schadstoffe etc.) sein, um das Grundwasser sauber zu halten. Gute Bodenmittelwerte sind: pH-Wert: 6 bis 8, Humusgehalt 2 bis 10 %, Tongehalt: 5 bis 20 %. Damit das zu versickernde Wasser rasch abfließen kann, muss die hydraulische Leitfähigkeit (Durchlässigkeit) so hoch wie möglich sein, im Zweifel also Sand und Kies einarbeiten und stark verdichtete Bodenschichten mechanisch mit einem Erdbohrer bearbeiten. Sickerzonen müssen so bemessen sein, dass sie nur kurzzeitig und maximal 24 Stunden bezogen auf den örtlichen Bemessungsregen (DIN 1986-100, KOSTRA; Mittelwert für Deutschland: 311 l/s/ha) eingestaut sind. Je nach verfügbarer Fläche können Sie naturnahe Sickerzonen entweder als reine Flächenversickerung – dafür ist eine hohe Bodendurchlässigkeit nötig – oder als künstlich vertiefte Mulden anlegen. Günstig ist es, Wasser von versiegelten Flächen und/oder Dächern über offene Rinnen (Pflaster, flache Rasenmulden) oder unterirdische Dränagerohre zur Sickerzone zu führen. Diese sollte sich natürlich am tiefsten Punkt Ihres Gartens befinden. Für den Einstaubereich kommen nur Pflanzen infrage, die mit temporärer Überflutung (wechselfeucht) klarkommen, sonst aber genügsam sind, z.B. Wasserdost (*Eupatorium*), Seggen (*Carex*), Sumpf-Mädesüß (*Filipendula ulmaria*), Wiesenraute (*Thalictrum*), Sumpf- und Wiesenschwertlilien (*Iris* spp.) sowie alle Arten aus Hochstaudenfluren und Feuchtwiesen.

3, 2, 1 und das Wasser ist weg

Entweder die jeweils  tiefste Stelle oder einen sensiblen Bereich (Gebäudenähe), für die Sickerzone wählen. So tief/breit wie möglich ausgraben. **Den ausgehobenen Bereich** 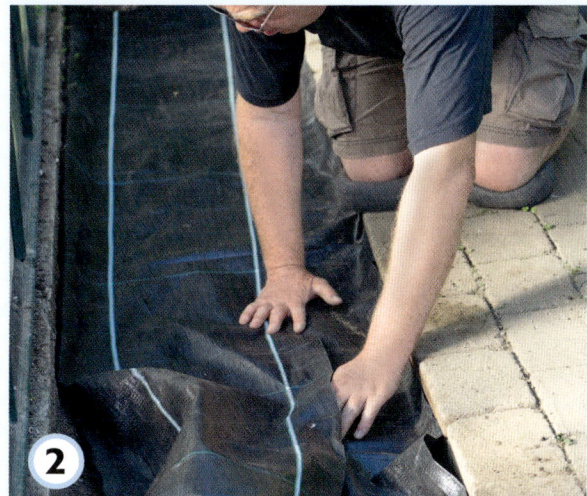 bis knapp unter die Geländeoberfläche mit grobem Kies (16/32 mm) befüllen und abschließend ein Unkrautvlies überlappend aufbringen. Optional Dränagerohr integrieren und unterirdisch entsprechend von der Fläche wegführen. **Den Niveauunterschied**  mit feinkörnigem Kies/Splitt auffüllen. **Das Vlies**  an den Pflanzenstandorten längs/quer aufschlitzen. **Pflanzen einsetzen**  und mit Kies einbetten.

STÜRMISCHE ZEITEN

Festhalten, die Zeiten sind stürmisch – und werden noch stürmischer! Auch wenn es in absehbarer Zukunft hierzulande keine tropischen Wirbelstürme und Hurrikans à la »Matthew« (2016) und »Katrina« (2005) geben wird, so sollten wir dennoch vorgewarnt sein.

Dass es mal heftig stürmt und kräftig »um die Ecken« pfeift, ist ganz natürlich; natürliche Urgewalt. Wind. Sturm. Normal. Dass diese allerdings immer stärker und unverhoffter, damit bedrohlicher und unkalkulierbarer in Erscheinung treten, ist faktisch unser Werk. Mit verheerenden Folgen – für Mensch und Natur.

ALLE(S) GUT FESTHALTEN

Wind ist ein ganz natürlicher Vorgang. Als dynamisches Regulativ zwischen verschiedenen Luftdruckschichten spielt er eine wesentliche Rolle über die jeweils herrschenden atmosphärischen Zustände. Je größer die Unterschiede zwischen den Luftdrücken sind, umso heftiger strömen die Luftmassen in das Gebiet mit dem niedrigeren Luftdruck – umso stärker ist der aus der Luftbewegung resultierende Wind. Bis aus Wind jedoch Sturm wird, muss sprichwörtlich »da oben« einiges zusammenkommen.

Dass es mal mehr, mal weniger kräftig um die Ecken pfeift, muss uns im Garten keine großen Sorgen bereiten, es gehört dazu. Erst recht wenn im Herbst die grün-bunte Blattmasse zum Boden strebt – ohne kräftige Herbststürme wäre dies unmöglich. Mit der richtigen Gartenausstattung und an besonders windexponierten Standorten mit besonderen Maßnahmen lassen sich normale Stürme problemlos überstehen. Doch was ist schon »normal« und warum haben wir uns und unsere Gärten so weit von natürlichen Vorbildern entfremdet? Verfügt doch die Natur standortübergreifend über effektive Strategien gegenüber »stürmischen Zeiten«.

STURM

Für Meteorologen gilt jeder Wind mit einer Geschwindigkeit ab 75 km/h (Windstärke 9 nach der Beaufortskala) als Sturm. Bei über 117 km/h (Windstärke 12) ist es ein Orkan. Die jeweilige Bezeichnung hängt dabei aber oft von regionalen und landestypischen Besonderheiten ab. Zyklon, Taifun und Hurrikan sind allesamt Bezeichnungen für denselben Typ tropischer Wirbelstürme – nur eben in unterschiedlichen Kontinenten. Gefährlicher und vor allem wahrscheinlicher in unseren Breiten sind Hagelstürme, die mit bis zu tennisballgroßen Hagelkörnern enorme Schäden anrichten können. Auch die lokal auftretenden Tornados bringen große Gefahren mit sich. Generell gilt ab Windstärke 6 (»starker Wind«, 39 bis 49 km/h) auf der Beaufortskala erhöhte Achtsamkeit und Vorsicht, denn schon jetzt fangen dicke Äste an zu schwingen, und es pfeift sprichwörtlich um die Ecken.

Was bewirkt häufiger Sturm in unseren Gärten?

Schieflage und durcheinandergewirbelt bringen es auf den Punkt: Unsere Gärten sind »hart am Wind«. Stürme sind nicht nur für altehrwürdige Gehölze eine Gefahr. Sturm trifft und betrifft unsere Gärten in ihrer Gesamtheit. Alle vertikalen und windexponierten Gartenelemente sind von den enormen physikalischen Kräften betroffen: Hecken, Mauern, Fassaden, Fenster, Dächer, Pergolen, Gehölze aller Art, Accessoires, die Gartenmöbel usw. Wenn's stürmt, ist Vorsicht geboten und sicherer Unterstand unerlässlich.

Gärten, die häufigen Stürmen ausgesetzt sind, sieht man ihre »Leidensgeschichte« auf den ersten Blick an. Alles steht fix und unverrückbar an seinem Platz, Funktionalität prägt das Bild. Die Abschirmung zur Hauptwindrichtung ist entsprechend drastisch, Kronen größerer Gehölze vorrauschauend von Totholz und windbruchgefährdeten Ästen befreit, Baulichkeiten auf maximale Windfestigkeit eingestellt.

Was tun, wenn's stürmen soll?

- Wettervorhersagen genau verfolgen, vorbereit sein.
- Alles, was leicht beweglich ist und zum gefährlichen »Geschoss« werden kann, wie Möbel, Accessoires, Spielgeräte, Töpfe und Kübel etc., ins Gebäudeinnere räumen.
- Große Kübel gegen Umkippen sichern.
- Auflagesicherheit von Dächern (vor allem Flachdächern aus Blech) kontrollieren.
- Bereiche unterhalb von Gehölzen freihalten und wenn möglich einen gewissen Bereich drumherum ebenfalls.
- Fenster und Türen fest verschließen; sind Markisen und Rollläden etc. vorhanden, diese unbedingt schließen, das vermeidet Glasbruch.
- Gehölze wenn (noch) möglich von Totholz und bruchgefährdetem Astwerk befreien; besser: regelmäßige Gehölzpflege.
- Pergolen, Gartenhäuser, Gewächshäuser usw. auf Standsicherheit überprüfen; Schattierung und Sonnenschutz einrollen bzw. einfahren.
- Strom und Wasser im Garten abstellen.
- Wenn möglich Gartenlampen abmontieren.

Effektive und realisierbare Anpassungsstrategien

Grundsätzlich bleibt (fast) alles beim Alten. Die Veränderungen sind eher auf den zweiten Blick erkennbar und erfordern viel fachtechnisches Know-how. Gegenüber den ganz großen Stürmen sind wir Menschen machtlos. Trotzdem gilt es für uns als Gärtner, unsere Gärten so zu optimieren, dass diese trotzdem so standhaft wie möglich sind.

Idealerweise ist Windschutz auch gleich Bestandsschutz, Eigenschutz und Naturschutz in einem. Im ers-

LINKS Regelmäßige Baumpflege ist wichtiger denn je. Größere Schnittmaßnahmen und Höhenarbeiten nur von Profis durchführen lassen.

RECHTS Damit auch in exponierter Lage alles standfest ist, größere Pflanzkübel zusätzlich beschweren oder gleich fest im Boden verankern.

ten Schritt sollten Sie alle Gehölze auf ihre Vitalität und allgemeine Standfestigkeit überprüfen respektive von einer Fachfirma für Baumpflege und -kontrolle gemäß der Regelwerke* überprüfen lassen. Kriterien, auf die Sie achten müssen sind:

- Ist die Krone frei von Totholz?
- Sind Stamm und Wurzelbereich frei von Pilzen oder anderen Schädlingen?

Ergänzend zur regelmäßigen Gehölzpflege sollten Sie bei Großgehölzen und in Abhängigkeit ihrer Lage im Garten – beispielsweise der Nähe zu Gebäuden – über gesonderte Kronensicherungen nachdenken. Auch größere Strauchpartien und alle Pflanzen, die durch Windkraft aus ihrer Verankerung gehoben werden könnten, wie vertikales Grün, Kletterpflanzen und Fassadengrün, sollten regelmäßig ausgelichtet werden.

Windbrecher in Form von gestaffelt platzierten Hecken – am besten aus einheimischen Wildgehölzen –, Steinwällen, Stoffverspannungen, Holz-Metall-Konstruktionen oder transparenten Windbarrieren aus Glas oder Plexiglas sind eine gestalterisch ansprechende und überaus funktionelle Variante, um Wind abzuschwächen. Nicht das Aufhalten, das Abschwächen ist entscheidend; stets »Schlupflöcher« und Durchströmungsbereiche freilassen. Wenn es der Platz zulässt, sollten Sie zudem über Schneisen, also Bereiche ohne jegliche Barrierewirkung nachdenken, um die allgemeine Angriffsfläche zu minimieren. Für neu gepflanzte Jungbäume sind Baumstützen obligatorisch.

Halten Sie Bereiche, die potenziell von Windbruch gefährdet sind, möglichst frei von jeglicher Bebauung und platzieren Sie hochwertige Accessoires und Ihr Lieblingsmobiliar besser an Plätzen, die nicht bei jedem stärkeren Wind geräumt werden müssen oder wo sie vor fallenden Ästen geschützt sind.

---

* ZTV-Baumpflege, Baumkontrollrichtlinie (FLL), DIN 18920

Alle baulich-technischen Gartenelemente, wie Pergolen, Seilverspannungen, Gartenhaus und Sonnensegel, sowie Gebäudebestandteile (Flachdächer) müssen gegen Sturm gesichert, regelmäßig kontrolliert und wenn nötig zusätzlich zugfest verankert und beschwert werden.

Eine Ballenverankerung ist speziell für flachwurzelnde Gehölze, bei schwer durchdringbaren Böden und bei Pflanzungen auf Extremstandorten, wie Dachterrassen und begrünten Flachdächern, ratsam. Generell sollten Sie besser nur tiefwurzelnde Gehölze mit guten Biegefestigkeiten pflanzen.

»Die Fichte ist der große Verlierer des Klimawandels, vor allem im Flachland […] Klimawandel heißt auch Sturm […] ein Problem vor allem für flachwurzelnde Fichten.« Rudolf Altefeld, Landwirtschaftskammer Niedersachsen

PROJEKT WINDSCHUTZ IM GEMÜSEGARTEN

Kein Klimagarten ohne effektiven, attraktiven und kostengünstigen Windschutz. Mit wenig Aufwand lassen sich schnelle und optimale Egebnisse erzielen.

OBEN Perfekter Windschutz durch eine Hecke und zwischen den Gemüsepflanzen in Form von hohen Stauden und Gräsern. Positiver Nebeneffekt: So bieten Sie vielen Nützlingen Unterschlupf, die Schadinsekten im Gemüse bekämpfen helfen.

WENIGER WIND, MEHR ERTRAG

Diese simple Gleichung bekommt durch Stürme und unkalkulierbare Böen eine völlig neue Bedeutung, wenngleich ein leichtes, auffrischendes Lüftchen im Gemüsegarten durchaus willkommen ist. Kalter, auskühlender Wind indes weniger.

Ist der Windschutz richtig dimensioniert – er sollte weder Licht noch Frischluft vom Beet fernhalten –, verhindert er ein Abknicken der Kulturen, verbessert das Mikroklima und sorgt dafür, dass die Pflanzen weniger Wasser verdunsten. Windschutz ist noch aus einem anderen Grund außerordentlich wichtig: Konkurrenzstarke Samen und lästige Schädlinge (z. B. Möhrenfliegen) werden ebenfalls aufgehalten, zumindest jedoch ausgebremst.

PRAKTISCHE WINDSTOPPER

Gemüse mit Gemüse schützen: Stangen- und Feuerbohnen etwa sind ein wirkungsvoller grüner Vorhang, der alle Ansprüche an den Windschutz mit Bravour erfüllt, vorausgesetzt das Klettergerüst selbst ist standsicher. Auch andere aufrecht wachsende und »windstabile« Gemüse, wie Rosenkohl, Erbsen und Zuckermais, eignen sich. Gewebenetze aus Polyethylen sind leicht zu montieren (und zu demontieren) und eine Möglichkeit, um vor allem größere Flächen vor Windeinwirkung zu schützen. In allen Farben erhältlich und leicht auf die gewünschten Abmessungen zuzuschneiden. Praktisch sind auch vorgefertigte Elemente aus Bast, Holz, Flechtwerk, Schilfrohr oder Bambus, die jedoch nicht zu dicht und massig sein und selbst so windfest wie möglich fixiert werden sollten, damit von ihnen keine zusätzliche Gefahr ausgeht. Angesichts der zu erwartenden Stürme gehen Sie auch mit niedrigen Hecken (Hainbuche, Rotbuche, Lavendel etc.) und fest im Erdreich verankerten Holzbrettern auf Nummer sicher.

1

2

3

Kleine Maßnahmen – große Wirkung

Wirkungsvolle Flechtzäune **1** (Weide, Haselnuss) benötigen Standfestigkeit und strukturelle Stabilität. **Einfach genial:** **2** eine alte Dachkachel als Windbarriere für Jungpflanzen. **Optimaler Standort für** **3** Tomaten und Co. Vorteil von Hecken gegenüber Mauern/Wänden ist ihre Luftdurchlässigkeit; »dicke Luft« brauchen Sie nicht zu fürchten. **Gewebenetze schützen** **4** »junges Gemüse« effektiv. Diese dürfen nicht erdrückt/ erstickt und die Netze nicht zur leichten Beuten von Windböen werden. **Stabile, teilüberdachte** **5** Stoffverspannung, die für ein rundum stressfreies Wohlfühlklima sorgt.

4

5

EIN FÜLLHORN NEUER GARTENPLAGEN

Nein, mit diesen Gartenplagen ist wahrlich nicht zu spaßen! Ob nun durch übermäßigen Pflanzenschutzmitteleinsatz, Einschleppungen infolge globaler Wirtschaftskreisläufe oder »Übersiedler« aus der Landwirtschaft – sie alle verderben uns den Gartenspaß.

URSACHE & WIRKUNG

An den meisten Schädlingen sind wir selbst schuld, haben uns dieses zusätzliche Paket an Stress und Sorgen selber geschnürt. Durch übertriebenen Perfektionismus, durch Unvernunft, dem Anspruch der Natur auch noch die letzte Kante abzuschärfen – durch den Drang, an mehreren Stellschrauben gleichzeitig zu drehen, um vielleicht doch noch näher an die 100 % heranzukommen. Mit welcher katastrophalen Wirkung?

Dass, was den Rückhalt für ein stabiles Ökosystem bildet, haben wir in einem gefährlichen Maß erodiert: Sowohl Biodiversität als auch arten- und strukturreiche (Kultur-)Landschaften sind heute Mangelware. Ein Kollaps mit Ansage; Auswege dringend gesucht!

> »Da geht es z. B. um den Asiatischen Laubholzbockkäfer, der über Transportholz […] zu uns gekommen ist. Dieser Käfer hat ein enormes Potenzial, sehr viele unserer Laubbäume zu schädigen.«
>
> Martin Klatt, NABU Baden-Württemberg

Ein Schritt zur Lösung ist die Erhöhung der Stresstoleranz von Pflanzen. Das heißt nicht, in Form von mehr und komplexer wirkenden Pestiziden und vorschnellem Aktionismus zu reagieren, sondern die pflanzeneigenen Stärken zu stärken, damit Schwächen schwächer werden. Dazu immer ratsam: Ein selbstkritischer Blick auf die globalisierten Wirtschaftskreisläufe. Der leichtfertige Umgang mit den weltweiten Warenströmen und auch der Anspruch, Arten zu kultivieren, die hierzulande eigentlich nicht gedeihen können, ist für zahlreiche »Invasoren« ein sprichwörtlicher Freifahrtschein gen neuer Lebensräume – unsere Landschaft, Städte, Gärten.

Von alleine wären Kartoffelkäfer, Reblaus, Maiswurzelbohrer (alle drei ursprünglich aus den USA), Asiatischer Marienkäfer (Ursprung Ostasien) oder auch die Varroamilbe (Ursprung Südostasien) gewiss nicht von Kontinent zu Kontinent gewandert, zumindest nicht derart rasant. Im Garten und in der Landschaft haben wir leider noch mit vielen weiteren invasiven Arten zu kämpfen, wie dem Buchbaumzünsler, der Andromeda-Netzwanze, der Kirschessigfliege … allesamt mit enormem Schadenspotenzial, denen nur mit wissenschaftlicher Kompetenz sowie gärtnerischer Konsequenz und Raffinesse beizukommen ist.

Ein Füllhorn neuer Gartenplagen

Schauen wir uns einige besonders aggressive Neozoen einmal etwas genauer an, schließlich sollte man wissen, wen man im Zweifel in die Schranken weisen muss – sofern man es denn kann. Denn die »Importe« aus Südeuropa, Asien und Übersee stellen uns vor kaum zu bewältigende Probleme, zumal die Alpen als Klimabarriere zunehmend ausfallen. Bewährte Schutzmaßnahmen und Eindämmungsstrategien helfen oft nur noch unzureichend. Ebenso der Panikmodus, der schlimmstenfalls sogar das Gegenteil bewirkt.

AGGRESSIVE NEOZOEN

- **Asiatischer Laubholzbockkäfer** (ALB, *Anoplophora glabripennis*): Gefährdet fast alle heimischen Laubholzarten und führt bei Befall sicher zum Absterben; Erstfund in Deutschland 2004; zählt zu den 100 schädlichsten invasiven Neobiota weltweit.

Herkunft: Einschleppung aus Ostasien (Bau- und Verpackungsholz, Pflanzenimporte).

Bekämpfung: Nicht mit herkömmlichen Mitteln, nur durch Einrichtung großzügiger Quarantänezonen und Liquidation befallener Pflanzen bzw. sämtlicher Pflanzenteile unter amtlicher Aufsicht möglich.

- **Kirschessigfliege** *(Drosophila suzukii):* Der gefährlichste Schädling für den Wein- und Obstbau seit Jahren, alle weichschaligen Obstarten werden befallen und die Früchte komplett vernichtet; Erstfund in Europa 2008, in Deutschland 2011.

Herkunft: Einschleppung aus Asien.

Bekämpfung: Da reife Früchte befallen werden, sind chemische Mittel nicht einsetzbar; Maßnahmen bisher noch unausgereift, die Fliege ist so klein, dass die meisten Netze nicht helfen. Aktuelle Informationen: drosophila.jki.bund.de.

Vorsorge: Mit Spülmittel versetzte Apfelessigfallen in schattigen Bereichen in Fruchtnähe aufstellen; sehr engmaschige Kulturschutznetze.

- **Feuerbakterium** *(Xylella fastidiosa):* Hochgefährliches Bakterium (als EU-weiter Quarantäneschädling deklariert); für Menschen ungefährlich, aber für eine Vielzahl an Pflanzen (u. a. Olivenbaum, Beeren- und Steinobst, Tomaten, Wein, Lavendel) letal; Erstfund in Europa Oktober 2013, in Deutschland im Juli 2016 an Oleander in Sachsen.
  Herkunft: Einschleppung aus Nord- und Südamerika via Süditalien (wahrscheinlich Oleander).
  Bekämpfung: siehe ALB.

Weitere gefährliche Neozoen: Zitrusbockkäfer *(Anoplophora malasiaca, A. chinensis)*, Baumwollkapselwurm *(Pectinophora gossypiella)*, Kalifornischer Blütenthrips *(Frankliniella occidentalis)*, Buchsbaumzünsler *(Cydalima perspectalis)*, Asiatischer Marienkäfer *(Harmonia axyridis)*. Durch die milden Winter sterben sie nicht mehr ab und können sich ungehindert ausbreiten.

Neue Sensibilität ist gefragt

Was also können wir konkret tun, damit unsere Artenvielfalt erhalten, damit unser Ökosystem in gesunder Balance bleibt? Informieren, partizipieren, Möglichkeiten der modernen Technik nutzen, Erkenntnisse aus Forschung und Wissenschaft in die (Garten-)Praxis übernehmen, die Natur aktiv schützen, das sind die Lösungsansätze. Und speziell im Garten: überlegen, bevor wir handeln.

Informieren, informieren, informieren

Damit Sie die jeweils aktuellen Entwicklungen nicht verpassen und stets wissen, wie es bei pathogenen

LINKS Wenn dieser Käfer in Ihrem Garten auftaucht, ist Alarmstufe Rot: *Anoplophora malasiaca* – der Zitrusbockkäfer.

RECHTS Perfekt an die Umgebung angepasst: Die Raupen des Buchsbaumzünslers wissen, wie sie unserer Aufmerksamkeit entgehen.

und gefährlichen Neozoen um Ausbreitung sowie Erkenntnisse über effektive Gegenmaßnahmen steht, sollten Sie regelmäßige Blicke auf die frei zugänglichen Informationsportale der zuständigen Behörden in Ihre alltäglichen Gartenpraxisroutinen einbauen. Die rasche Entwicklungsdynamik zwingt uns einfach dazu.

Umfassende und weit über die Thematik Neozoen hinausreichende Informationen liefern die folgenden Internetseiten:

- www.lfl.bayern.de – Institut für Pflanzenschutz der Bayerischen Landesanstalt für Landwirtschaft
- pflanzenschutzdienst.rp-giessen.de – Pflanzenschutzdienst des Regierungspräsidiums Gießen
- www.aid.de – Informationsangebot des Land- und Hauswirtschaftlichen Auswertungs- und Informationsdienstes e.V
- www.bfn.de – Bundesamt für Naturschutz
- www.nabu.de – Naturschutzbund Deutschland e.V.

Neue Technik – neue (Aus-)Wege

Es gibt sie, die genialen Ideen und bahnbrechenden Entdeckungen. Viele benötigen vor allem Zeit und zahlreiche Feldversuche, damit sie auf Dauer praxistauglich werden.

Als geradezu revolutionär könnte sich eine gegenüber Kartoffelkäfern (Leptinotarsa decemlineata) völlig resistente Kartoffelpflanze erweisen, die Wissenschaftler des Potsdamer Max-Planck-Institutes für molekulare Pflanzenzüchtung in Kooperation mit dem Jenaer Max-Planck-Institut für Chemische Ökologie entwickelt haben. Die gezielte Manipulation der DNS in den Fotosyntheseorganen (Chloroplasten) führt zum raschen Absterben der mit herkömmlichen Methoden kaum beizukommenden Insekten. Sie sterben gewissermaßen durch die Stilllegung ihrer eigenen Zellprozesse. Technisch hochkomplex, aber wenn sich das Prinzip auch auf andere in großem Maß betroffene Arten übertragen lässt, haben wir uns einen großen taktischen Vorteil geschaffen. Auf zielgerichtete Pflanzenzüchtung wird es verstärkt ankommen.

Smarte Apps

Überaus praktisch: Spezielle Apps für Smartphones. Ohne einen Katalog an konventionellen Pflanzenschutzmitteln dahinter! Mehrere Punkte sprechen für derartige »Tools«: Die Garten-Community kann sich aktiv daran beteiligen und so die Cloud-Intelligenz nutzen, die Erkenntnisse werden leicht abrufbar gespeichert, eine fortwährende Aktualisierung der Datenbank ist gewährleistet und Sie sind vis-à-vis am »Sorgenkind«. Ein Blick in den »App-Store« lohnt sich definitiv!

Drohnen

Und weil es auch im Garten nicht mehr ohne gehen wird, bieten Drohnen nicht nur neue Perspektiven, sondern auch neue Lösungsansätze zur Schädlingsbekämpfung. Ein Paradebeispiel kommt aus der Region Böblingen-Tübingen in Baden-Württemberg: Dort erfolgt die Bekämpfung des Maiszünslers (Ostrinia nubilalis) bei widrigen Wetterbedingungen aus der Luft. Wenn der Boden matschig ist, es regnet und windet, können Traktoren die Felder nicht mehr befahren. Dann werfen Drohnen beim Überflug Schlupfwespen auf die Felder. Diese stecken in runden Kartonkapseln und sind natürliche Gegenspieler des Maiszünslers. Sie parasitieren dessen Eier und bekämpfen ihn so umweltschonend. Das Pilotprojekt verbindet moderne Technik mit gärtnerischem Know-How und lässt keinen Zweifel daran, dass auch größeren Plagen (irgendwann) beizukommen ist.

»Habe ich also einen vielfältig gestalteten Garten mit Zwiebel- und Knollengewächsen, mit Gehölzen, mit vielen Stauden, wo ich den Gräsern und den Wiesenpflanzen mal freien Lauf lasse, habe ich auch automatisch Nützlinge im Garten.«

Klaus Krome, Leiter des Kreislehrgartens Steinfurt,
Interview im Deutschlandfunk (DLF)

EXPERTENTIPP
NICHT ALTERNATIVLOS

Im Garten kann der Kampf gegen alte und neue Schädlinge nur durch biologisch basierte Maßnahmen und gärtnerisches Know-how gewonnen werden. Die Lösung liegt beim Gärtner.

ALTERNATIVEN FÜR BUCHSBAUM

Der aus Fernost eingeschleppte Buchsbaumzünsler hat es vielerorts schon geschafft, einen der beliebtesten Gartenklassiker aus den Gärten zu verbannen. Mit herkömmlichen Mitteln ist seinen gefräßigen Raupen kaum beizukommen. Leider auch nicht mit natürlichen Gegenspielern, denn die invasiven Neozoen haben hierzulande (noch) keine Fressfeinde. Eine umweltverträgliche, biologische Bekämpfung ist mit Pflanzenschutzmitteln, etwa auf Basis von Neem-Öl oder *Bacillus-thuringhiensis*-Präparaten, möglich, aber nur bei regelmäßiger Behandlung ab April erfolgversprechend.

Es gibt jedoch ein interessantes Portfolio an blattstarken Arten, die sowohl als niedrige Einfassung als auch aparte Solitäre eine gute Figur machen und auf den ersten Blick vom Buchsbaum kaum zu unterscheiden sind. Japanische Hülse *(Ilex crenata)*, Heckenmyrte *(Lonicera nitida*, Bild unten*)*, Polster-Berberitze *(Berberis buxifolia* 'Nana'), Eibe *(Taxus baccata)* und Kugel-Liguster *(Ligustrum delavayanum)*, aber auch kleinblättrige Formen des Spindelstrauchs, wie *Euonymus fortunei* 'Minimus', Strauchveronika *(Hebe)* sowie die Zwerg-Sicheltanne *(Cryptomeria japonica* 'Globosa Nana'), sind echte Buchsbaumalternativen.

INVASIVE PFLANZENKONKURRENTEN

Nahezu konkurrenzlos bahnt sich dank des Klimawandels mannigfaltiges und urwüchsiges Grünzeug seinen Weg quer durch unsere urbanen Räume, Kulturlandschaften und Gärten. Aber nicht nur der Klimawandel trägt Schuld daran. Wir selbst haben ihnen Tür und Tor geöffnet, indem wir unsere Gärten minimalistisch-extrovertiert ausstatten, die natürliche Dynamik unterbinden, uns eher an perfekten Solitären als an harmonischen Gesellschaften orientieren. Viele Neophyten, die heute Probleme bereiten, sind als Gartenpflanzen eingeführt worden. Dass dann extrem konkurrenzstarke Arten, wie Drüsiges Springkraut *(Impatiens glandulifera)*, Japanischer Knöterich (*Fallopia japonica*), Gelbe Scheinkalla *(Lysichiton americanus)* und Kanadische Goldrute *(Solidago canadensis)*, leichtes Spiel haben, Freiräume auch dauerhaft zu besetzen, ist vorhersehbar. Neophyten gelten weltweit als eine der wichtigsten Ursachen für den Rückgang der biologischen Vielfalt und bescheren große wirtschaftliche Schäden.

Ausgangspunkt invasiven Wildwuchses sind Lücken und Nischen, die sich genau dann auftun, wenn natürliche Lebensräume durch Versiegelung, Homogenisierung der Landschaft, Trockenlegung von Feuchtgebieten oder industrielle Wald- und Landwirtschaft verschwinden, Nutzungen wechseln, wie Kulturwandel und Flächenumwidmung in Siedlungsgebieten, oder ehemals anthropogen genutzte Flächen als »Brachflächen« und verlassene Gartenländereien sich selbst überlassen werden. Gerade in urbanen Räumen finden invasive Arten daher ideale Lebens- und Verbreitungsräume. Wenn wir verpassen, rechtzeitig einzugreifen, dann gärtnern wir notgedrungen immer hinterher. Ein Eingreifen ist vor allem dann wichtig, wenn kein Miteinander von autochthonen (einheimischen) Arten und Neophyten erkennbar ist, also das natürliche Gleichgewicht bedroht ist.

Einer der berüchtigsten Neophyten der letzten Jahre zeigt die dramatische Problematik auf: Die Ambrosie

(*Ambrosia artemisifolia*), auch Beifußblättriges Traubenkraut genannt, hat ein enorm großes Allergiepotenzial. Die 20 bis 150 cm hohe Art mit ihren stark verzweigten, rötlich behaarten Stängeln wurde über Saatgut und Vogelfutter aus Nordamerika eingeschleppt und findet, auch wegen der Zunahme von Hitze und Trockenheit, als Steppenpflanze auf immer mehr (offenen) Standorten ideale Bedingungen vor. Die Bekämpfung dieser Überlebenskünstlerin gestaltet sich schwierig und sollte immer mit Handschuhen und (während der Blüte) mit Schutzbrille erfolgen. Ausreißen und tiefgründiger Bodenaustausch sind auch ökologisch am effektivsten.

Besonders aggressive Neophyten

- **Japanischer Staudenknöterich** *(Fallopia japonica):* Die aus Asien als Zier- und Futterpflanze eingeschleppte Art verdrängt jede indigene Art der Krautflora von ihren natürlichen Standorten (feuchte Uferzonen, Waldränder und Böschungen und Brachflächen/Schutthalden); extrem wüchsig und mit bis 3 m tiefreichenden Wurzeln ausgestattet.
  Bekämpfung: Erfordert Geduld und schwere Technik (Abdecken, Wegbaggern etc.).
- **Riesen-Bärenklau** *(Heracleum mantegazzianum):* Bis zu 5 m hohe »Monsterpflanze«; oft an Flussufern, Wegrändern und Wiesen; unterdrückt jegliche lichtbedürftige Flora der Umgebung; Pflanze enthält phytotoxischen Pflanzensaft.
  Bekämpfung: Nur durch konsequentes Ausgraben.
- **Späte Traubenkirsche** *(Prunus serotina):* Die aus Nordamerika stammende Art verwildert stark (auch mithilfe von Vögeln, Kleinsäugern) und unterdrückt durch Wurzelkonkurrenz und dichtes Laub einheimische Arten.

Bekämpfung: Komplett roden und stattdessen Gemeinen Liguster *(Ligustrum vulgare)* oder die heimische Traubenkirsche *(Prunus padus)* pflanzen.

Generelle Bekämpfungsmaßnahmen

- Alle (!) Pflanzenteile inklusive der an den Wurzeln haftenden Erde fachgerecht entsorgen (lassen).
- Bei Entdecken aggressiver Neophyten immer die örtlichen Umweltbehörden informieren; nur so ist qualitatives/quantitatives Monitoring möglich.
- Immer ein Auge auf »offene«, »wilde« Flächen haben, etwaigen Aufwuchs rasch entfernen.
- In den Garten eingebrachte Erden auf Pflanzenteile kontrollieren; nur gütegesicherte Erden beziehen.

Neobiota.de – immer informiert

Unter der Regie des Bundesamtes für Naturschutz (BfN) finden Sie auf dieser Internetseite alles über gebietsfremde und invasive Arten aus dem Tier- und Pflanzenreich.

LINKS Was nach einer dichten Feldgehölzhecke aussieht, ist in Wirklichkeit *Fallopia japonica*, eine Bedrohung für indigene Arten.

RECHTS Der »Star« unter den invasiven Neophyten. Ein zweifelhafter Ruf für eine solch aggressive und hochallergene Art wie die Ambrosie.

HILFE ZUR SELBSTHILFE

Wenn wir uns die offensichtlichen und prognostizierten Veränderungen von Klima und Wetter anschauen, dann können wir mit den notwendigen Anpassungen unserer Gärten an die herausfordernden Rahmenbedingungen nicht mehr länger warten.

Heute schon an morgen denken – unbedingt! Start now (!), das ist die einzige, wirkungsvolle Strategie, und wir alle sind gefordert, unseren Beitrag für die Bewältigung des Klimawandels zu leisten.

Bevor es jedoch an die Vorbeugung geht, müssen wir erst einmal dafür sorgen, das naturgegebene Anpassungspotenzial an die Wetterdynamik so gut es geht zu erhalten und gleichzeitig fit für die Zukunft zu machen. Ohne eine größtmögliche Artenvielfalt – auch und gerade im Garten – und ohne einen nachhaltig-bewussten Ressourcenumgang werden wir den Klimawandel nicht erfolgreich meistern. Weder vor noch hinter dem Gartenzaun.

Auf ein ausgewogenes Mittelmaß zwischen gärtnerischer Effektivität und ökologischer bzw. ökonomischer Vernunft kommt es an. Das bedeutet konkret, dass Gemüse nicht um jeden Preis angebaut bzw. geerntet werden muss und wir immer auch Aufwand und Ertrag abwägen müssen. Das bedingt ein Mehr an Natur und Natürlichkeit im Garten unter Einbeziehung der neuesten Erkenntnisse aus Forschung, Wissenschaft und Technik. Da davon noch vieles Zukunftsmusik ist, gilt es, die richtigen Weichen bereits heute zu stellen, sich den Herausforderungen aus der eigenen Perspektive heraus anzunehmen. Die Erhöhung der allgemeinen Stresstoleranz der Gartenpflanzen bei gleichzeitiger Vermeidung von Stress ist dafür ein erster, ungemein wichtiger Schritt.

LINKS *Solidago canadensis,* die Kanadische Goldrute war einst nur auf ruderalen Flächen zu finden. Nun hat sich die invasive Art vorgekämpft. Auch in unsere Gärten.

Stresstoleranz der Gartenpflanzen erhöhen

- Züchtung, Selektion, Verbreitung und Förderung besser angepasster Arten und Sorten, unter Einbindung der Arten in den Gartenalltag (Prinzip »Versuch und Irrtum«).
- Stressreduzierung schon bei der Planung: standortgerechte Artenzusammensetzung, keine Experimente und Selbstverwirklichungen, nie zu eng und zu viel pflanzen, mit und nicht gegen die Natur gärtnern. Das heißt auch Regenwasser auffangen und im Garten versickern lassen sowie Geländeverläufe berücksichtigen, beispielsweise zur Vermeidung von Staunässe oder Trockenheit.
- Extremstandorte meiden (auch Windexponierung beachten!), um ein niedriges Grundstresslevel zu erreichen.
- Jungbäume seltener, dann aber durchdringender gießen, um tiefreichende Wurzelbildung anzuregen.
- Mischpflanzungen bevorzugen, Gründünger und Komposterde aus »eigener Produktion«.
- Pflanzen gleichmäßig mit Wasser/Nährstoffen versorgen, vor allem in prallsonnigen Lagen.
- Pflanzungen immer am natürlichen Standort ausrichten. Derartige Pflanzungen gedeihen durch Synergieeffekte und geringeren Konkurrenzdruck viel besser.
- Pflanzungen in Etagen, um für ein optimales Mikroklima zu sorgen mit ausgeglichenem Wasserhaushalt und angenehmer Beschattung.
- Behutsamer, vor allem regelmäßiger Pflanzenschnitt mit Augenmaß; keine Radikalschnitte, Schnitt während Wetterstresssituationen vermeiden.
- Topf- und Kübelpflanzen »abhärten« (gegen Kälte und Hitze) und öfter umtopfen.
- Bodenfeuchtigkeit in Wurzelbereichen durch Mulch erhöhen.
- Weg von Allround-, hin zu Spezialdünger wie Aminosäurepräparaten.
- Verzicht von Pflanzenschutzmitteln, stattdessen Nützlinge einbinden und fördern, punktuelle Wildnis und natürliche Dynamik im Garten zulassen – Perfektion gibt es ohnehin nicht.

Stresstoleranz des gesamten Gartens erhöhen

- Blütenhecken sind pflegeleichter als Formschnitt- gehölze und bieten zahlreichen Tieren (Nützlingen!) einen Lebensraum.
- Den Garten als Kreislauf verstehen, das heißt sämt- liche anfallende Biomasse (Kompost, Laub und Schnittgut) als Mulch oder organischen Dünger verwerten.
- Frischluftschneisen freihalten.
- Generell mehr Pflanzen im Garten einplanen.
- Gelände, Umfeld und die Bestandssituation ins Gartendesign einbinden (z. B. bei Nähe zu Über- schwemmungsgebieten, bei extremen Hanglagen).
- Gewachsene Ökosysteme (Streuobstanlagen, Wild- gehölzhecken, Magerwiesen) erhalten und fördern.
- Konzentration aufs Wesentliche auch im Gartenall- tag: Was brauchen Sie wirklich?
- Mischpflanzungen mit natürlicher Dynamik statt anfällige Monokulturen anlegen.

- Gartenmöbel und Accessoires nur aus witterungs- beständigen Materialien anschaffen.
- Quirliges Tierleben zu allen Jahreszeiten fördern.
- Versickerungsflächen (Retentionsflächen) schaffen, übermäßig dimensionierte, versiegelte Flächen rück- bauen.

Nach dem ersten Schritt folgt …

Bereits der zweite, dem rasch ein dritter und noch einige weitere folgen müssen, um umfassend gewapp- net für die geschehenden und sich weiter potenzieren- den Klima-Wetter-Ereignisse zu sein.

Zunächst gilt es, die wichtigsten Wegmarken zu ken- nen, um die vor uns liegenden Hürden mit Augenmaß nehmen zu können. Dabei hilft es ungemein, der Komplexität des Klimawandels mit nüchternem Prag- matismus zu begegnen. Wir Gärtner: packen an und machen! »Versuch und Irrtum« ist die Devise. Durch

diese eigenen Erfahrungen und die Selbsterkenntnis werden mehr Motivation und Schubkraft frei als durch jedes noch so erdenkliche »Wundermittel«.

Keep calm and carry on?

Ja und nein, denn einerseits ist vorschneller Aktionismus generell beim Gärtnern fehl am Platz, andererseits kann es kein »Weiter so!« geben. Schließlich ist es ja so, dass uns alle bisherigen Plagen und Schädlinge auch in Zukunft mehr oder weniger verstärkt begleiten werden. Den meisten können wir mit biologischen und umweltverträglichen Bekämpfungsmaßnahmen, wie Seifenlaugen, Brennnessel- oder Rainfarnbrühe, und wirkungsvollen Gegenmaßnahmen, wie Schneckenzäunen, Pheromonfallen oder Leimringen, Herr werden. Diese Maßnahmen gehören längst zur Grundausstattung jedes ökologisch und nachhaltig praktizierenden Gärtners. Warum also in Panik verfallen?

Den neuen Stressoren sollten wir mit einer gewissen Gelassenheit gegenübertreten und die Maßnahmen, die uns auch schon in der Vergangenheit geholfen haben, weiter optimieren. Wir müssen uns bewusst werden, dass es nur weitergeht, wenn wir uns den Herausforderungen mit Routine und Raffinesse stellen. Bange machen gilt nicht. In der Summe bedeutet das, dass wir wieder intensiver mit der Natur zusammenarbeiten müssen, damit uns die guten Dinge erhalten und die Auswirkungen der – für unsere Gärten – schlechten so gering wie möglich bleiben.

Gegen die im Mittel höheren Temperaturen können wir nur entgegenwirken, wenn wir das Mikroklima unserer Gärten verbessern und so viel wie möglich hitzeregulierende Maßnahmen vorsehen: Bäume pflanzen und Gewässer anlegen. Ob wir dadurch den Vormarsch von wärmeliebenden Schädlingen, wie Weiße Fliege, Kastanien-Miniermotte, Apfelwickler oder Varroamilbe, oder größere Invasionen von Zikaden, Blattläusen und Wühlmäusen aufhalten, ist fraglich. Aber uns bleibt auch schlichtweg nichts anderes übrig, als es wenigstens zu versuchen. Zielgerichtet und kompromisslos müssen wir vor allem dann vorgehen, wenn die Abwehrstrategien klar und erfolgversprechend sind, etwa gegen den Dickmaulrüssler durch den Einsatz von Nematoden. Bei anderen ist es manchmal besser zu kapitulieren. Solange es beispielsweise gegen den Buchsbaumzünsler keine biologischen Bekämpfungsmaßnahmen gibt, ist eine Neupflanzung nur denjenigen zu empfehlen, die bereit sind, jedes Jahr ab März/April alle zehn bis 14 Tage die Pflanzen von Hand nach Raupen abzusammeln und mit biologischen oder chemischen Präparaten zu spritzen – bis in den November hinein!

LINKS Gemischte Hecken sehen wunderbar aus, schützen gut vor Wind, Blicken und Eindringlingen und sind ökologisch wertvoll. Must-have!

RECHTS Der Ernstfall. Um die weitere Ausbreitung der Kastanien-Miniermotte zu verhindern, muss befallenes Laub rigoros entsorgt werden!

ZURÜCK ZUR NATUR!

Die Natur allein wird den Kampf gegen den Klimawandel nicht gewinnen können, aber wenn wir im Garten günstige Bedingungen für Nützlinge, wie Schweb- und Florfliegen, Marienkäfer usw. schaffen, denn auch diese vermehren sich unter den veränderten Bedingungen besser, dann können wir viele der neuen Krankheiten und Schädlinge gut in Schach halten. Wenigstens eine Zeit lang.

In die Zukunft gucken – Klimawandelgärten

Probieren geht über … Klimawandelgärten sind unverzichtbare Prototypen für den Gartentypus der Zukunft, die Chancen greifbar machen. Modellhaft können unter wissenschaftlicher Aufsicht neue Pflanzstrategien erarbeitet und fachkundig ausgewertet werden.

So etwa im Schau- und Sichtungsgarten Hermannshof in Weinheim an der Bergstraße. Hier werden prototypische Lösungsansätze, etwa stilreine Prärie- und Steppenpflanzungen mit Wild-West-Charakter oder sich selbst genügende Kiesbeete in gartentypischen Gestaltungen unter den hiesigen Bedingungen getestet. Die daraus gewonnenen Erkenntnisse in Betracht auf Lebensdauer, Standfestigkeit und Stresstoleranz fließen direkt in die Gartenpraxis ein, so z.B. in die vorkonfektionierten Mischpflanzungen, den sogeannten »Weinheimer Mischungen« des Bundes deutscher Staudengärtner.

Großes Potenzial bietet die wachsende Anzahl an »Klimagärten«, die unter der Regie der Berliner Humboldt-Universität im Rahmen der Bildungsinitiative »Urbane Klima-Gärten« im gesamten Großraum Berlin angelegt wurden. Die Wissenschaftler sind sich dabei einig, dass klimaangepasste Gärten unbedingt notwendig sind, »um ein Leben, z. B. in Großstädten wie Berlin, auf Dauer lebenswert zu gestalten.« In einer zusätzlichen Ebene sind öffentlichkeitswirksame »Klima-Schaugärten« definiert, die das Ziel haben, zu informieren und weiterzubilden, und damit gärtnerische Ansätze im Kampf gegen den Klimawandel aufzeigen. Und weil Forschung und Wissenschaft immer auch vom Mitmachen leben, können Interessierte sich in der Initiative engagieren.

Und es gibt noch viele weitere motivierte »Klimawandelgärten«-Projekte, wie den »Klimawandelgarten Rheinauen« in Rust, oder den »Klimapark Rietberg«, deren Besuche erkenntnisreich und ihre Grundlagenarbeit essentiell sind. Für die Zukunft unserer Gärten.

LINKS Grün auf allen Etagen und in ungewöhnlichen Kombinationen: die beste, weil natürlichste Abwehrstrategie gegenüber Klimastress.

EXPERTENTIPP
DIE NATUR HILFT MIT

Durch eine rein biologische Schädlingsbekämpfung, eine natürliche Gartengestaltung und ein paar Tricks beim Gärtnern können wir die komplexen Wirkkräfte der Natur für uns nutzen.

FRESSEN UND GEFRESSEN WERDEN

Vorbeugende Maßnahmen gegen Krankheiten und Schädlinge sind beispielsweise eine gezielte Pflanzenstärkung, ausgewogene Düngung, standortspezifische Pflanzenwahl, Schutznetze gegen Hagel und Schädlinge wie Gemüsefliegen. Sie werden in der Zukunft eine immer wichtigere Rolle spielen, denn der Aufwand, einmal befallene Pflanzen wieder »in den Griff« zu bekommen, steht meist in keinem vernünftigen Verhältnis. Denken Sie auch daran, dass Sie sich den Stress, den Sie selbst durch die Stressoren haben, eher durch effektive Vorbeugemaßnahmen größtenteils ersparen können. Das bedeutet auch, stets ein Auge auf den eigenen Garten zu haben, denn ein Mehr an Zeit bedeutet im Garten exponentiell mehr Möglichkeiten zur umweltschonenden Gefahrenabwehr. Was wir zum gegenwärtigen Zeitpunkt noch nicht konkret erfassen können, wovon wir aber ausgehen dürfen: Mit den neuen Schädlingen werden auch ihre jeweiligen natürlichen Gegenspieler (z. B. Raubmilben, parasitische Wespen) verstärkt einwandern. Diese sind deutlich »kampferprobter« und in ihrer Biologie viel näher dran an den Schädlingen, als gezüchtete und künstlich ausgesetzte Nützlinge. Die regulierende Kraft der Natur ist zweifelsohne unsere größte Trumpfkarte im und gegen den Klimawandel.

Neue Gartenstars

DER KLIMAWANDEL BRINGT UNS DAZU, BEKANNTE AUTOMATISMEN DER GARTENPRAXIS ZU HINTERFRAGEN. DIE WOHL GRÖSSTE HERAUSFORDERUNG DABEI: DEN SCHALTER IM KOPF UMZULEGEN, DENN EIN NEUES GARTENZEITALTER HAT BEREITS BEGONNEN. ALLERHÖCHSTE ZEIT, SICH MIT DEN VIELEN NEUEN GARTENSTARS VERTRAUT ZU MACHEN!

BEREIT FÜR NEUE GARTENBILDER

Man könnte auch sagen, wir bekommen die Chance für einen zweiten (und dritten …) Frühling in unseren Gärten. Mehr Natur, weniger überzeichnete Perfektion, Selbstverwirklichung und Spektakel sind die Lösung für die Herausforderungen der nächsten Jahre.

»Bäume […] können eine entscheidende Rolle beim Klimaschutz spielen, wenn es darum geht, den CO_2-Ausstoß zu kompensieren, ›Frischluft‹ zu produzieren, Feinstaub zu reduzieren und Aufheizungstendenzen entgegenzuwirken. Je gesünder Bäume sind, desto stärker können sie die negativen Folgen der Klimaveränderung kompensieren.«

Abschlussbericht Projekt Stadtgrün 2021, LWG Veitshöchheim 2015

Das prallgefüllte Staudenbeet mit üppigen (nährstoffhungrigen und wasserdurstigen) Prachtstauden vor kompakter Kulisse: Das ist Vergangenheit.

Machen Sie sich stattdessen schon einmal bereit für einen komplett neuen Gartenlook. Spezialisten lösen Generalisten ab, filigrane Grazien entthronen pompöse Blütenwunder, wiederentdeckte Naturtypen schlagen hochgezüchtete Gartenstars in puncto Klimafitness um Längen. Zudem bekommen unsere Gärten zwangsläufig einen leicht südlichen Touch. Spannende Zeiten. Und wir sind bereits mittendrin.

Denn wenn Sie noch über Notwendigkeit und Richtung grübeln: Flora und Fauna stellen sich bereits auf den Wandel ein. Die spürbaren Einwirkungen von außen – Veränderungen beim Klima und beim Wetter – erhöhen den Evolutionsdruck auf Pflanzen und Tiere. Spätestens wenn ein etabliertes Gehölz zweimal von vorgezogenem Aufblühen überrascht wurde oder die Winterruhe manch heimischen Feld- und Flurbewohners mehrfach ein abruptes Ende nahm, sind Anpassungen zum Überleben nötig.

Auf die Pflanzenauswahl wird es in einem bisher kaum gekannten Maß ankommen, um die neuen Herausforderungen zu meistern. Alte Rezepte haben ausgedient, viele Arten werden zu pflegeintensiv und anfällig, zudem laufen die Zulassungen für viele Pflanzenschutzmittel nach und nach aus – Schädlinge können nicht mehr bekäpft werden. Die Anforderungen an die Gartenpflanzen des 21. Jahrhunderts und die daraus resultierenden Pflanzkonzeptionen könnten kaum höher sein. Und doch sind sie realisierbar.

Hierzu benötigen wir zwei Dinge: den interessierten Blick auf Naturlandschaften, die sich unter extremen Klima- und Umweltbedingungen ausgeformt haben, und die Bereitschaft, neue Konzepte und Gartenbilder auszuprobieren. Ohne den Willen, Veränderung nicht nur im Detail zuzulassen, werden wir die vor uns liegenden Hürden nicht nehmen können.

STANDHAFT BLEIBEN

Mediterranes Urlaubsfeeling oder stachelige Exoten nach Hause holen, das wäre schön. Aber auch wenn es schwerfällt: ein, zwei heiße Sommer machen noch lange kein Italien und sind erst recht keine Garantie, dass sich die gewünschten Pflanzenschönheiten im heimischen Gartenparadies genauso wohlfühlen wie am Naturstandort!

Denn auch wenn es sich öfter ganz anders anfühlt: In unseren Breiten sind – trotz voranschreitenden Klimawandels – frostige Temperaturen in aller Regel zwischen November und März keine Seltenheit, sondern alljährliche Normalität. Und selbst wenn Schnee und Eiseskälte um immer mehr Gebiete einen Bogen machen, auf frostige Überraschungen müssen wir uns und unseren Garten immer noch einstellen.

Im Umkehrschluss bedeutet dies, dass exotische Pflanzenschönheiten auch weiterhin nur an warmen, geschützten Plätzen, der Einfachheit halber direkt im gut transportierbarem Topf und Kübel, über den Winter gebracht werden müssen. So haben Sie mehr und länger als einen schönen Sommer etwas von Baumfarn und Co. in Ihrem Garten.

Die Vorstellung, dass ein, zwei sanfte Winter schon bedeuten, Pflanzenexoten ein dauerhaftes Zuhause im heimischen Garten bieten zu können, ist einfach zu schön – und verführt nur allzu leicht zu unüberlegten Entschlüssen. Die Enttäuschung, wenn Kälte und Frost gepaart mit langer Trockenheit letztlich doch dem schönen Bild vom exotischen Gartenparadies ein gefühlloses Ende bereitet haben, können Sie sich ersparen.

Schon ein Blick auf natürliche Herkunft und daraus resultierende Ansprüche an Klima und Witterung drei prominenter Vertreter exotischer Gartenneulinge zeigt, dass Vernunft an der richtigen Stelle gleich doppelt vernünftig ist, sprich: Clever und nachhaltig gärtnert, wer (im Freiland darauf) verzichtet.

- **Baumfarne (Cyatheales):** Lange Trockenheit und kühl-frostige Temperaturen versetzen dem Feuchte liebenden Gewächs aus tropischen und subtropischen Regionen rasch einen Knock-out.
- **Keulenlilie *(Cordyline):*** Das exzentrische Blattschmuckgewächs verträgt keine Temperaturen unter 0 °C, dazu braucht sie eine recht hohe Luftfeuchtigkeit. Als einzige Standorte verbleiben Fensterbank und Wintergarten, auch ohne klassische Winter …

- **Neuseeländischer Flachs** *(Phormium tenax):*
  Was in tropischen Gefilden zum Wuchern neigt, bekommt hierzulande rasch einen Frostschock; Überwinterung bei 8 bis 10 °C – im Topf oder Kübel und ausdrücklich »indoor« sind angesagt.

ZUKUNFTSFÄHIGE BÄUME

Baum und Garten sind ein starkes Team! Beide gehören kulturhistorisch wie ökologisch untrennbar zusammen. Ob als markanter Hausbaum oder akzentuierendes Gestaltungsmittel: Ab sofort gilt die Anpassungs- sowie Widerstandsfähigkeit von Gehölzen gegenüber Stressfaktoren als wesentliches Entscheidungskriterium. Nur Bäume, die mit stärkerer Sonneneinstrahlung, längeren Trockenzeiten, extremen Niederschlagsspitzen und schwankenden Grundwasserständen klarkommen und darüber hinaus genügend Widerstandskraft gegenüber einer Vielzahl von Krankheiten und Schädlingen haben, dürfen sich mit dem Prädikat »zukunftstauglich« schmücken. Ab Seite 100 finden Sie einige der interessantesten und attraktivsten Klimawandelspezialisten für alle Gartengestaltungsfragen.

Um zu verstehen, mit welchen extremen Bedingungen es diese Gehölze aufnehmen können, hilft ein Blick auf einige natürliche Extremstandorte unserer Breiten. Gehölze, die z. B. an windexponierten Küstenabschnitten, in alpinen Hanglagen und gewässernahen Ökosystemen zurechtkommen, verfügen über genau die Anforderungen, die wir brauchen – idealerweise jeweils in einer Art vereint. So können Sie den Klimawandel mit Erfolg meistern.

Ein spektakuläres Beispiel sind die Sand- und Silikat-Kiefernwälder entlang der Ostseeküste, die sich bis in die Küstendünen ausdehnen – und tapfer Nährstoffarmut, Trockenheit, Hitze und Sturm sowie der salzhaltigen Luft trotzen. Zumeist gesellen sich über die Jahre noch weitere unverwüstliche Gehölze, etwa Stechpalme, Sanddorn, Wildrosen und Ebereschen (Vogelbeeren), hinzu, aber letztlich verfügen nur die wenigsten Arten über ein derart robustes Wesen.

LINKS Palmen und Baumfarne im Garten: Das Riskio von Frost- und Kälteschäden bleibt. Besser: Im Kübel pflanzen und im Haus überwintern.

RECHTS Diese subtropisch-exotische Gartenvision von André Heller wird nördlich der Alpen ob steter Frostgefährdung (leider) eine bleiben.

Dass es aber immer neue, spannende Arten gibt, die auch unter widrigsten Bedingungen zurechtkommen, ist ein motivierendes und eindeutiges Zeichen der Natur, nie aufzugeben und wenn nötig sein Glück in der Nische und Spezialisierung zu suchen.

TREND ODER ZUKUNFT? COPPICING

Manchmal muss man mit Konventionen brechen und die Perspektiven wechseln, um einen Schritt nach vorn zu machen. Für die Bewältigung des Klimawandels gilt das im Besonderen. Ein Pflanzkonzept, welches »wagt«, Bewährtes auf den Kopf zu stellen respektive konsequent und regelmäßig »auf den Stock zu setzen«, ist das Coppicing. Es ist an sich nicht neu und gehört vor allem im forstwirtschaftlichen Bereich zu den Basics der Nieder- und Mittelwaldwirtschaft. Neu ist der Einsatz dieser Technik aus rein ästhetischen Gründen, um attraktive Blatt- und Rindenaspekte zu generieren.

Gehölze wie Stauden verwenden?

Eine Pflanzung, die primär auf den Schmuckwert von jährlich im Frühling zurückgeschnittenen (schnellwachsenden) Gehölzen setzt, warum nicht? In Zeiten zunehmender extremer Wettersituationen kann das jährliche Kappen eine Chance sein, auch weiterhin Pflanzbilder zu erhalten, die zum einen dauerhaft, zum anderen durch das auf ein Jahr begrenzte Wachstum der Dynamik des Jahresverlaufes Rechnung tragen.

Erfogversprechende Versuchsreihen

Den Impuls und damit Startschuss für eine groß angelegte Versuchspflanzung gab es 2012 unter der Regie der Technischen Universität Dresden (im Lehr- und Forschungsgebiet Pflanzenverwendung) inmitten des Alaunparkes in der Dresdner Neustadt. Grund für das neuerliche Aufleben des Coppicing war eine größtmögliche Aufwand- und Kostenreduzierung im Rahmen der Pflanzenpflege. Praktischerweise ähneln die für funktionierendes Coppicing notwendigen Pflanzeneigenschaften genau denen, die nötig sind, um auch den Klimawandel zu bewältigen: eine große Standortamplitude, hohes Regenerationsvermögen, Standfes-

tigkeit, Trockenheits- und Hitzebeständigkeit. Ein Blick auf charakteristische Arten des Dresdner Coppicing-Referenzprojekts verdeutlicht dies.

Geeignete Gehölze

- *Acer negundo* (Eschen-Ahorn)
- *Ailanthus altissima* 'Purple Dragon' (Rotblättriger Götterbaum)
- *Albizia julibrissin* (Seidenbaum)
- *Castanea sativa* (Ess-Kastanie)
- *Catalpa bignonioides* (Trompetenbaum)
- *Catalpa erubescens* 'Purpurea' (Purpurblättriger Trompetenbaum)
- *Cornus sanguinea* 'Midwinter Fire' (Roter Hartriegel)
- *Cotinus coggygria* (Perückenstrauch)
- *Hydrangea paniculata* 'Pinki Winky' (Rispenhortensie)
- *Liriodendron tulipifera* (Tulpenbaum)
- *Magnolia hypoleuca* (Hanoki-Magnolie)
- *Physocarpus opulifolius* in Sorten (Schneeballblättrige Blasenspiere)
- *Paulownia tomentosa* (Blauglockenbaum)
- *Rhus typhina* 'Tiger Eyes' (Essigbaum)
- *Rosa glauca* (Rotblatt-Rose, Hecht-Rose)
- *Salix alba* 'Chermesina' (Silber-Weide)
- *Sambucus nigra* in Sorten (Schwarzer Holunder)
- *Sambucus racemosa* 'S. Golden' (Farnblättriger Goldholunder)

Stauden (Auswahl)

- *Bistorta amplexicaule* 'Firetail' (Kerzen-Knöterich)
- *Eupatorium rugosum* 'Chocolate' (Wasserdost)
- *Hakonechloa macra* (Japan-Waldgras)
- *Hemerocallis*-Cultivars (Taglilien)
- *Heuchera* 'Plum Pudding' (Purpurglöckchen)
- *Hosta* 'Sum and Substance' (Funkie)
- *Molinia arundinacea* 'Transparent' (Rohr-Pfeifengras)
- *Panicum virgatum* 'Shenandoah' (Ruten-Hirse)
- *Phlox amplifolia* 'Winnetou', 'David' (Großblatt-Phlox)

Im Zuge dieser ersten Versuchspflanzung soll langfristig herausgefunden werden, welche der ausgewählten Arten sich im kontinentalen Klima bewähren, welche Schnittintervalle (jährlich, alle zwei Jahre oder ein Komplettschnitt alle fünf Jahre) nachhaltig sind und wie sich der Konkurrenzdruck innerhalb der Pflanzung im Laufe der Zeit entwickelt. Nach vier Standjahren kann bereits festgehalten werden: Das Konzept funktioniert im Wesentlichen, die Artzusammensetzung bleibt stabil, die einzelnen Arten entwickeln sich vital und Ausfälle werden problemlos von anderen, robusteren Arten ausgeglichen.

Ein spannendes und optisch ansprechendes Konzept ist das Coppicing allemal, vor allem weil es sich im Kern an natürlichen Pflanzengesellschaften (Prärie- und Steppenlandschaften, Waldrändern usw.) orientiert, Raum für pflanzliche Dynamik gibt und sich von fest im Kopf sitzenden Pflanzbildern löst.[*]

KIES- UND STEPPENGÄRTEN

Kiesgärten sind die Staudenbeete der Zukunft. Die Arten- und Sortenzusammenstellung orientiert sich an natürlichen Pflanzengesellschaftfen, die optimal an heiße, trockene Standorte angepasst sind, und denen auch ein starker Regenschauer nichts ausmacht.

»Sand-Kies-Gemische trainieren die Pflanzen einerseits auf wenige Ansprüche, also das Vegetieren mit geringen Ansprüchen, und zum anderen ist durch die Struktur dieser Substrate eine sehr hohe Luft- und Feuchtigkeitsversorgung gegeben«.

Rainer Weisgram, Direktor der Wiener Stadtgärten

---

[*]   Quelle: Technische Universität Dresden, Institut für Landschaftsarchitektur, Lehr- und Forschungsgebiet Pflanzenverwendung, Dr. Alexander von Birgelen, Coppicing-Pflanzungen – Neue Facetten in der Pflanzenverwendung

EXPERTENTIPP

MEHR GEHÖLZE AUS DER REGION

Bäume merken sich, was sie in ihrer Jugend erlebt (durchgemacht) haben, übernehmen die Reaktion auf prägende Ereignisse in ihre DNS. Langsam, aber sie tun es. »In der Anzucht sollte die Anfälligkeit gegenüber Trockenstress durch intensives Bewässern und Düngen nicht erhöht werden. Es gilt das Motto: Abhärten statt verwöhnen. Optimal wäre es, wenn der Baum in dem Klimaraum angezogen würde, wo er später auch gepflanzt wird«, so Klaus Körber von der LWG Veitshöchheim.

Rot-Ahorn

Acer rubrum

Dieser Baum macht Eindruck! Der Rot-Ahorn ist ein wunderschöner Baum für sonnige bis lichtschattige Lagen mit locker-natürlichem Habitus und einer Herbstfärbung, die wahrlich spektakulär ist. Ist der Boden weder zu nass noch zu trocken und nicht zu schwer, garantieren die zahlreichen Feinwurzeln ausgehend von einer Herzwurzel eine allzeit gute Wasser- und Nährstoffversorgung. Das speziell im Jungstadium rasch wachsende Gehölz ist überragend frosthart, gut windfest und toleriert auch länger anhaltende Überschwemmungen. Die prächtige Herbstfärbung entwickelt sich vor allem in vollsonnigen Lagen, wenn es während sommerlicher Hitzephasen keine Lücken in der Wasser- und Nährstoffversorgung gab. Neben der robusten Wildart empfehlen sich für den Garten diese zuverlässigen Sorten: *A. rubrum* 'October Glory', 'Brandy Wine' und 'Red Sunset'.

Südlicher Zürgelbaum

Celtis australis

Ein malerisch, teils breit ausladend wachsender Laubbaum, der als absolut robust gegenüber Luftverschmutzung und Trockenheit gilt. Auch darüber hinaus überzeugt das vor allem in trockenfelsigen Lagen Südeuropas, Nordafrikas und in Teillagen des Himalajas beheimatete Gehölz durch eine große Standortamplitude und Widerstandskraft gegenüber Krankheiten. Seine tiefgehende Wurzel garantiert Halt auch bei stärkeren Winden. Der Zürgelbaum toleriert alle normalen Gartenböden, bevorzugt aber tiefgründige Standorte, natürlich in vollsonnigen, ganzjährig warmen, geschützten Lagen. Interessant sind die essbaren Früchte, die in Südtirol als »Zürgeln« bekannt sind. Die kugeligen, rötlich bis purpurbraunen Steinfrüchte versprechen ein feinsüßliches Geschmackserlebnis. Vor allem für Vögel eine wichtige Nährstoffquelle! Das Holz etablierter Zürgelbäume ist wertvoll und wurde früher unter anderem zur Herstellung von Peitschen verwendet – die Biegsamkeit junger Triebe ist fast konkurrenzlos. Jungbäume sind in unseren Breiten spätfrostgefährdet, dessen Risiko sich durch entsprechenden Stammschutz und Wärmepolsterung der Baumscheiben allerdings sehr gut minimieren lässt. Der Südliche Zürgelbaum ist ein rundum zuverlässiger und attraktiver Zukunftsbaum für größere Gärten.

Gingko, Fächerblattbaum

Ginkgo biloba

Wenn es ein Baum mit dem Klimawandel aufnehmen kann, dann ist es der Ginkgo. Kaum ein anderes Gehölz hat eine so lange nachgewiesene Lebenshistorie. Fossile Ginkgos lassen sich auf ein Alter von über 250 Mio. Jahren datieren. Der Gingko hat in seiner Genetik unzählige zeitgeschichtliche Epochen und die notwendigen Anpassungsstrategien gespeichert, ist also entsprechend gut für alle zukünftigen Herausforderungen gerüstet. In Asien sind »Tausendjährige Gingkos« keine Seltenheit. Unverkennbar sind seine gelbgrünen, fächerförmigen Blätter, die in lockeren Dreier- bis Fünferbüscheln an den Trieben sitzen. *Gingko biloba* ist überragend resistent gegenüber Krankheiten und Luftverschmutzung, hitzeverträglich und generell sehr standorttolerant. Am besten kommt er aber auf tiefgründigen, gut durchlässigen und nahrhaften Böden zurecht. Botanisch zählt der Fächerblattbaum übrigens zu den Koniferen (Nadelgehölzen), obwohl er Blätter trägt, die obendrein im Herbst fallen – mit einer spektakulären, goldgelben Färbung! Der langsam wachsende Gingkobaum ist eben in jeder Hinsicht besonders und genau daher erste Wahl für die klimafitte Gehölzausstattung zukunftsfähiger Gärten. Geeignet als wunderschöner Solitär. Für kleine Gärten kompakte Sorten wie 'Horizontalis' wählen.

Amberbaum

Liquidambar styraciflua

Vielleicht haben Sie die prachtvoll gelborange bis scharlachrot gefärbten, ahornähnlichen Blätter des aus dem südöstlichen Nordamerika stammenden Amberbaumes schon gesehen? Wenn nicht, wird es allerhöchste Zeit, denn kaum ein Gehölz leuchtet im Herbst mehr! Aber nicht nur sein spektakuläres Herbstkleid spricht für den Amberbaum. Der Habitus, der je nach Sorte entweder rund-kugelig ('Gumball'), auffällig pyramidal ('Worplesdon') bis breit ausladend (Wildform) ist, verbreitet an sonnigen, tiefgründigen Standorten mit normalen Gartenböden eine angenehm natürliche Stimmung. Das wärmeliebende Pioniergehölz ist an nicht zu trockenen Standorten ein zuverlässiger Blickfänger, nicht nur im Herbst. Jungbäume sind etwas frostempfindlich, aber nach einer gewissen Eingewöhnungsphase anspruchslos – dann stiehlt ihnen keiner mehr so schnell die Show.

Baum-Magnolie
Magnolia kobus

Ein atemberaubender Anblick! Die vor dem Laubaustrieb (ca. Mitte/Ende April bis erste Maiwoche) erscheinenden, reinweißen, etwa zehn cm großen Blüten sind unglaublich attraktiv. Diese Magnolie zählt aber nicht nur zu den attraktivsten, sondern vor allem auch zu den widerstandsfähigsten und anpassungsfähigsten. Sehr frosthart! Trotzdem empfehlen sich für Jungbäume geschützte Lagen, denn gegen Spätfröste sind diese etwas anfällig. Die Baum-Magnolie (auch Kobushi-Magnolie genannt) bevorzugt tiefgründige, lockere, frische bis feuchte, nahr-hafte, gut humose Böden, kommt aber auch mit weniger idealen Bedingungen gut zurecht. Der kleine Baum oder baumartige Großstrauch ist ein unkomplizier-ter Solitär, dem etwas märchen-haft Schönes anhaftet und gerade so wächst – kegelförmig bis breit ausladend–, wie es die Laune der Natur vermag.

Parrotie, Eisenholz-baum
Parrotia persica

Für sonnige Lagen im Hausgarten empfiehlt sich die Parrotie, ein oft mehrstämmiger Großstrauch oder kleiner Baum aus Vorderasien. Die Wuchsgröße passt, der Habitus ist attraktiv locker-natürlich, die Rinde bzw. Borke blättert mit zunehmendem Alter dekorativ platanenartig ab, und die Blätter färben sich in wunderschön leuchtenden Farben (von Gelb über Orange bis Purpurn), bleiben obendrein sehr lange am Gehölz. Rechnet man dann noch die große Standortamplitude und überragende Anpassungsfähigkeit der Parrotie mit ein, dann sollte Ihnen der Eisenholzbaum unbedingt einen Feldversuch wert sein. In puncto Frosthärte, Windfestig- und Widerstandsfähigkeit gegenüber Krankheiten überzeugt die Parrotie in allen Belangen. Ein gutes, von Natur aus passendes Team bildet die Parrotie mit Stechpalmen *(Ilex aquifolium)* und Kornelkirschen *(Cornus mas)*. Hitze steckt der Eisenholzbaum gut weg, wenn der Boden nicht auszehrt. Geben sie der Parrotie einen prominenten Platz, eventuell vor einer immergrünen Kulisse, damit der malerische Wuchs und die attraktive Herbstfärbung noch besser in Erscheinung treten können. Da sich das Wurzelwerk sehr boden-nah ausbreitet, ist die Parrotie gegenüber tiefgründiger Bodenbearbeitung und allzu wuchsfreudigen Bodendeckern anfällig.

Flaum-Eiche

Quercus pubescens

Gehölze, die in ihrer Evolutionsgenetik mehr als eine zeitgeschichtliche Epoche erlebt haben, rücken im Zuge des Klimawandels besonders ins Blickfeld, denn diese Arten haben in ihrer Historie schon viele Anpassungsschritte hinter sich. So auch die Gattung der Eichen *(Quercus)*. Eine Art, die nicht ganz so mächtig wird wie die allermeisten ihrer Art, ist die Flaum-Eiche, die ich Ihnen für den Hausgarten ganz besonders an Herz legen möchte. Diese aus dem südlichen Europa stammende Art erreicht bei uns Wuchshöhen zwischen 5 und 10 m und

faszinert mit ihrem unregelmäßigen, leicht knorrigen Habitus, dem etwas Natürlich-Wildromantisches anhaftet. An ihren Naturstandorten, den locker-steinigen, sonnenheißen und kalkreichen Berghängen des Mittelraumes, stehen meist mehrere Exemplare dicht beisammen und wachsen teilweise im Kronenbereich zusammen. Das ergibt ein schönes Blätterdach und sorgt für die »Märchenwaldstimmung«, die wir beim Durchschreiten spontan empfinden. Wie alle Eichen, die im südlichen Europa beheimatet sind, wie auch die Stein-Eiche *(Q. ilex)* und die Zerr-Eiche *(Q. cerris)*, steckt die wärmeliebende Flaum-Eiche Hitze und Trockenheit prob-

lemlos weg. Auch mit dürftigem Nährstoffangebot kommt sie zurecht. Damit ist ihr das Prädikat stressfest sicher.

Zelkove

Zelkova serrata

Ein rundum robuster Allrounder mit wertvollem Holz aus Asien, der gleichsam frosthart, windfest und sehr gut »stadtklimaverträglich« ist. Auch Luftverschmutzung macht ihm nichts aus. Sein lockerer Wuchs wird mit jedem weiteren Standjahr attraktiver.
Die Zelkove, die zu den Ulmengewächsen zählt und damit in vielen Eigenschaften den Ulmen nahekommt, toleriert alle mäßig trockenen bis frischen, nährstoffreichen Böden und bevorzugt sonnige Lagen, kommt aber auch in schattigen zurecht. Zur Geltung kommt die breit ausladend wach-

sende Zelkove am besten in prominenter Einzelstellung. Schöner Schattenspender! Als absolut resistent gegen Krankheiten gilt die Selektion 'Village Green'. In puncto

Trockenheitsresistenz überzeugt vor allem 'Green Vase'. Mit reizvoller Herbstfärbung (orange-, kupfer- bis ziegelrot) überzeugen alle Zelkoven.

Blasenstrauch

Colutea arborescens

Für den Blasenstrauch gibt es weder zu trocken noch zu heiß. Das 1 bis 3 m hohe, locker wachsende Pioniergehölz ist ein regelrechter Hitzefreund. Nebenbei eines, das mit seinen gelben Blüten, die an Schmetterlinge erinnern, auch optisch etwas hermacht. Die Blütezeit erstreckt sich mit einem intensiven Blütenflor im Frühling von Mai bis September, damit fast über die gesamte Gartensaison! Zum Spätsommer zeigen sich neben den Blüten interessant geformte, hülsenartige Früchte. Aber Achtung: Diese sind mindestens unbekömmlich, also keinesfalls verzehren. Der Blasenstrauch ist dank seiner tiefgehenden Pfahlwurzel perfekt gewappnet für lange Trockenphasen und lässt sich von heftigen Stürmen nicht aus der Ruhe bringen. Allerdings macht es ein mögliches Umsetzen nicht leichter. An den Standort stellt *Colutea arborescens* keine großen Ansprüche, solange dieser genügend sonnig und warm und vom Boden nicht zu nährstoffreich, zu feucht und vor allem gut durchlässig ist. Seine hohe Salzverträglichkeit lässt den Blasenstrauch selbst noch an urbanen Extremstandorten gut gedeihen. Damit ist das genügsame Gehölz ideal zur Grundstückabgrenzung als Bestandteil freiwachsender Hecken. *Colutea arborescens* paart attraktive Natürlichkeit mit garantierter Robustheit.

Schmetterlings- oder Sommerflieder

Buddleja

Die Anpassungs- und Widerstandsfähigkeit des sonnenfesten Blütenwunders ist immens, der ökologische Wert bezogen auf die Anziehungskraft seiner duftigen Blütenkerzen (Juli bis Herbst) auf Falter, Bienen und Hummeln einzigartig. Von den weltweit über 100 Buddleja-Arten sind hierzulande vor allem Cultivare von *B. davidii* in großer Vielfalt erhältlich. Bekannte Hybriden sind z.B. 'Nanho Blue' (violettblau), 'Pink Delight' (rosa), 'Black Night' (purpur bis dunkelviolett) und 'Empire Blue' (blauviolett). Bartblume *(Caryopteris)*, Tamariske, Blauraute und Rosen (Wildrosen!) sind die idealen Partner des locker-natürlich wachsenden Strauchs. *B. davidii* blüht am einjährigen Holz, muss für gesunden Wuchs und üppigen Blütenflor daher jährlich im Frühjahr zurückgeschnitten werden. Sommerflieder bevorzugt trockene und nährstoffarme Substrate, gedeiht aber auf jedem Gartenboden.

Blauraute

Perovskia abronatoides

Der vieltriebige, aufrecht wachsende Halb- oder Kleinstrauch (1 bis 1,50 m hoch und breit) frohlockt von Ende Juli bis Oktober mit attraktiven, lilablauen Blütenähren und über seine graugrün bis weißfilzig, gefiederten Blätter mit aromatischem, lavendelartigem Duft. Auf durchlässigen, trockenen bis frischen, nährstoffarmen und kalkhaltigen Substraten in voller Sonne (geschützte Lage) fühlt sich die aus Westasien stammende Sommerschönheit am wohlsten. Schwere Böden und vor allem Staunässe machen ihr buchstäblich schwer zu schaffen; auseinanderfallende Triebe sind ein unverkennbarer Stressanzeiger. Die natürlich schöne Blauraute liebt es heiß und trocken sowie luftig und steinig-kiesig. Als formidable Partner bieten sich daher u. a. Mehliger Salbei *(Salvia farinacea)*, Currykraut *(Helichrysum italicum)*, Purpur-Witwenblume *(Knautia macedonica)*, Blauer Stauden-Lein *(Linum perenne* 'Nanum Saphir'), Teppich-Wollziest *(Stachys byzantina)* und Federgras *(Stipa tenuissima)* an. In rauen Lagen ist guter Winterschutz des Wurzelbereichs (z. B. mit Laub) notwendig. Um die Vitalität zu erhalten, jedes Frühjahr etwa handbreit über dem Boden zurückschneiden. Etwas höher als *P. abrotanoides* wird *P. atriplicolia* 'Blue Spire' mit lavendelblau blühenden, silbrigen Trieben.

Tamariske

Tamarix

Die ursprünglich aus dem sonnenwarmen Mittelmeerraum stammenden Tamarisken sind ausgesprochen attraktive Großsträucher mit bis zu 5 m Wuchshöhe. Der Blickfänger sind natürlich die sich an den vorjährigen Trieben ausbildenden rosafarbenen Blütentrauben, die zur Blütezeit im Sommer den ganzen Strauch bedecken. Ihre Anpassungsfähigkeit und Widerstandskraft ist überragend. Windfest, frosthart, trocken- und hitzeresistent, salzverträglich, auch Überflutungen werden toleriert – wie geschaffen für den Klimawandel.

WEITERE STRESS-TOLERANTE ARTEN
Auch diese beiden rundum unkomplizierten Sträucher sollten Sie für sonnige Lagen in Erwägung ziehen: Den Geißklee *(Cytisus)* mit seinen spektakulären, gelben Blüten und die Ölweide *(Elaeagnus)* mit ihrem interessanten, silbrigen Blattwerk, das an Olivenbäume erinnert. Beide zeichnen sich durch ihren locker-natürlichen Habitus aus. Sonnenfest sind sie sowieso, auch Hitze und Trockenheit machen ihnen wenig aus.

Amerikanische Winterbeere

Ilex verticillata

Die etwa 2 bis 3 m hoch und breit wachsende Amerikanische Winterbeere stammt aus dem östlichen Nordamerika und zeigt sich als rundum robuster Strauch für alle Fälle sowie auf und in fast allen Lagen. Vom Wuchs her lässt es *Ilex verticillata* langsam angehen (Jahreszuwachs nur zwischen 15 und 30 cm). Im Gegensatz zu allen anderen Ilex-Arten ist die Amerikanische Winterbeere ein sommergrünes Vergnügen, die zahlreichen knallroten Beerenfrüchte (Ende August bis Februar) sorgen jedoch für einen herbst-

lich-winterlichen Hingucker par excellence. Vor allem wenn sämtliche Blätter zu Boden gefallen sind, denn dann ist der Beerenschmuck in seiner ganzen Üppigkeit zu sehen. Die Blüte hingegen findet fast unbemerkt, da sie gut unter den elliptischen, matt dunkelgrünen Blättern verborgen ist, zwischen Juni und Juli statt. Schöne gelbliche bis rötliche Herbstfärbung. Die Art ist frosthart und absolut resistent gegenüber Überschwemmungen, Bodenverdichtung und mechanischen Einwirkungen aller Art. Überdies liebt sie hohe Luftfeuchtigkeit, womit sie sich für Extremstandorte, etwa in Gewässernähe, qualifiziert. Dementsprechend ist der ideale

Boden frisch bis feucht und nährstoffreich. Perfekt für gemischte und lockere Gehölzpartien unter großen Solitärgehölzen.

Zwerg-Blutpflaume

Prunus cistena

Der ideale Strauch für kleine, immergrüne Ecken und Nischen, denn trotz geringer Größe bietet er das maximale Kontrastprogramm zum Einheitsgrün. Außerdem fühlt sich das wärmeliebende Gehölz gut eingebettet am wohlsten. Daher auch für niedrige Blütenhecken zu empfehlen. Die Zwerg-Blutpflaume ist ein langsam wachsender Kleinstrauch, der nur selten höher als 1,50 m wird und im Frühling mit zahlreichen weiß-rosa Blüten sowie ganzjährig mit seinen dunkelbraunroten, glänzenden Blättern die Aufmerksamkeit auf sich zieht. Zudem zieren das

robuste und anspruchslose Gehölz von August bis September sehr dekorative, schwärzlichpurpurne, ungiftige Früchte. Boden: mäßig trocken bis feucht, gut durchlässig

und nährstoffreich. Ein jährlicher Schnitt nach der Blüte hält die Pflanze dauerhaft vital und kompakt. Hitze wird gut vertragen. Prädikat empfehlenswert!

Glanzmispel
Photinia

Für warme und geschützte Standorte sind die Glanzmispeln sehr interessant. Die anpassungsfähigen Klein- bis Großsträucher, von denen es auch auf Hochstamm gezogene Formen gibt, bieten ein bezauberndes Blatt-Blüten-Spiel und zum Saisonfinale eine spektakuläre scharlachrote Herbstfärbung! Die weißen Blüten beider Purpur-Glanzmispeln (*P. fraseri*) erscheinen im Juni und versprühen einen leichten Duft. Gegen August zieren alle *Photinia*-Arten zahlreiche rötliche Miniaturäpfel, die nur allzu gern von Vögeln gefressen werden.

Glanzmispeln sind sehr gut hitzeverträglich, stadtklimafest und kommen am besten auf frischen bis feuchten, gut durchlässigen, nährstoffreichen Böden zurecht.

Gestaltung: Für Heckenstreifen und lockere Gehölzpflanzungen. Achtung: Möglichst nicht schneiden, da sie nur ein geringes Regenerationsvermögen haben.

Wolliger Schneeball
Viburnum lantana

Die enorme Widerstandskraft und Anpassungsfähigkeit des Wolligen Schneeballs sollten Sie nicht unter-, sondern wertschätzen, denn von den bei uns heimischen Sträuchern ist er einer der robustesten und vielseitigsten und bietet dabei noch jede Menge attraktive Aspekte mit natürlicher Ausstrahlung. Der buschige, langsam wachsende Strauch wird zwischen 2 und maximal 5 m hoch, verzweigt sich gut und kommt auch auf Extremstandorten problemlos zurecht. *Viburnum lantana* bevorzugt nährstoffreiche, steinig-sandige, trockene, kalkhaltige Böden.

Nasse Standorte sind eher ungünstig. Der Strauch ist äußerst windfest, frosthart und dürreresistent und besitzt ein überragendes Ausschlagsvermögen. Auch radikale Rückschnitte werden gut vertragen. Das Wurzelwerk ist reich verzweigt und vornehmlich bodennah ausgeprägt. Gegenüber Bodenverdichtung reagiert der Wollige Schneeball mit Stress – unbedingt vermeiden! Die etwa 6 bis 10 cm großen Blüten (weiße Trugdolden) erscheinen von Juli bis September. Ab August trägt er rötliche und später purpurschwarz werdende, ungenießbare Steinfrüchte – ein schönes Farbspiel! Für Windschutzhecken und gemischte Wildgehölzhecken

geradewegs ideal. Sehr gutes Vogelschutzgehölz. Bis auf gelegentlichen Auslichtungsschnitt ist keinerlei Pflege notwendig.

Säckelblume

Ceanothus

Ein (fast) immergrüner Strauch, dem sommerliche Hitze- und Trockenperioden nichts anhaben können. Der kleine, nur knapp 1,50 m hohe, buschig verzweigte Sommer- und Herbstblüher (attraktive Rispen am einjährigen Holz von Juli bis Ende Oktober) ist ein unkomplizierter Allrounder, der obendrein auch bei Frost nicht schlappmacht, sondern nach kurzer Regenerationsphase wieder gut durchtreibt. Auf gut durchlässigen, kalkhaltigen Böden in vollsonniger, leicht geschützter Lage fühlt er sich am wohlsten. Gut zur Strukturierung von Staudenbeeten und perfekt zur Akzentuierung von Steppenpflanzungen. Von den insgesamt 55 Arten haben es hierzulande zwei zu kleinen Berühmtheiten geschafft: *C. delilianus*

'Gloire de Versailles' mit dunkelblauen Blüten und *C. pallidus* 'Marie Simon', die rosa blüht. Ein jährlicher Rückschnitt fördert Vitalität.

Kriechspindel

Euonymus fortunei

Robust und anpassungsfähig trifft auf nahezu alle *Euonymus*-Arten zu. Die Gattung umfasst etwa 170 Arten, die gleichermaßen in Europa, Nord- und Mittelamerika und zu einem großen Teil in Ostasien beheimatet sind. Einmal etabliert kann den Spindelsträuchern fast nichts etwas anhaben, willig treiben sie auch nach den heftigsten Rückschnitten wieder vital aus. Neben sommergrünen Solitärgehölzen mit teils spektakulärer Herbstfärbung wie dem Korkflügelstrauch (*E. alatus*), sind vor allem die immergrünen Arten Garanten für stressfreies Gärtnern und ein solides Grüngerüst. Die Kriechspindel ist durch die große Sortenvielfalt der wohl vielseitigste Vertreter. Als widerstandsfähiger und unkomplizierter Bodendecker vermögen vor allem 'Coloratus' (Purpur-Kriechspindel), 'Minimus' (Kleinblättrige Teppichspindel) sowie 'Emeral Gaiety' (Weißbunte Kriechspindel) in Windeseile ganze Flächen mit ihrem fein verzweigten Blattwerk zu überwachsen. Die Sorten 'Variegatus', 'Emerald 'n Gold' und 'Dart's Blanket' schaffen einige Zentimeter mehr und eignen sich dadurch auch hervorragend als Einfassung, zur Begrünung von Mauern und dicken Baumstämmen oder sogar als solitäres Hochstämmchen. Standort: volle Sonne bis tiefer Schatten. Bodenansprüche: alle kultivierten Böden. Wurzeldruck größerer Bäume wird gut vertragen.

Lorbeerrose

Kalmia latifolia

Absolut frostharte Blatt-Blüten-Schönheit für Sonne bis Halbschatten in breiter Sortenvielfalt. Der langsamwüchsige, rhododendronähnliche Strauch wächst schön gleichmäßig und breitbuschig bis knapp 3 m Höhe. Sehr attraktives Blütenkleid (hellrosa bis weiß) in vielblütigen Doldentrauben zwischen Mai und Juni. Benötigt für vitales Wachstum lockere, frische bis feuchte, saure und gut humose Böden. Kalk wird nicht vertragen. Schöne Sorten: 'Ostbo Red' (hellrosa Blüte, leuchtend rote Blütenknospen), 'Heart of Fire' (rote Blüte mit weißer Mitte, rote Blütenknospen), 'Elf' (weiße Blüte, hellrosa Blütenknospen). Das Wurzelwerk ist flach und oberflächennah – unbedingt Wurzeldruck durch Solitärgehölze und

tiefes Graben vermeiden. Ein wunderschöner und langlebiger Blütenstrauch zur prominenten Einzelstellung oder artgleichen Gruppenpflanzung.

Feuerdorn

Pyracantha

Diese aufrecht und dichtbuschig wachsende, sparrig verzweigte Pflanze ist nahezu unverwüstlich. Hitze, Trockenheit, Radikalschnitt, Sonne pur, tiefer Schatten, Sturm, Hagel … kein Problem für dieses ebenso undurchdringbare wie ganzjährig attraktive »Stachelgehölz« mit Ursprung in Südost-Europa, Kleinasien und China. Hauptaugenmerk für Gestaltungsfragen sind der in großer Varietät heranwachsende, kugelig runde Fruchtschmuck (»Steinäpfel«), der sich jeweils ab Anfang September zeigt. Ob nun knallgelbe oder leuchten orangefarbene Früchte: In grauen Herbst- und Wintertagen gehören sie zu den absoluten Hinguckern. Spektakulär gefärbte Früchte bieten 'Orange Glow', 'Koralle' (korallenrot), 'Red Column' und 'Kasan' (orangerot). Die allermeisten Sorten sind gut bis sehr gut gegenüber Schorf resistent, der niedrige Feuerdorn 'Praecox' und der gelbfruchtige 'Soleil d'Or' gelten dabei am widerständigsten. Die Verwendung des Feuerdorns reicht von klassischen Einfriedungshecken (locker und geschnitten), über flächige Unterpflanzungen bis hin zu Fassadenbegrünung ('Orange Glow'). Der beste Fruchtansatz bildet sich in voller Sonne aus. Feuerdorn kommt mit fast jedem Gartenboden zurecht und bevorzugt gut durchlässige, nährstoffreiche Substrate.

ROBUSTE ROSEN

Der Klimawandel zwingt uns, von einigen Gartenlieblingen Abschied zu nehmen. Das betrifft ganz besonders viele Rosen. Dieser Umstand ist jedoch kein Anlass zur Sorge, stattdessen halten Rosenzüchter eine ganze Reihe angenehmer Überraschungen bereit.

Rosige Aussichten

Der Klimawandel sorgt im Garten auch für die ein oder andere (positive) Überraschung. Mit den Rosen in ihrer klassischsten Form – den Wildrosen – hätten Sie in dem Zusammenhang wohl eher nicht gerechnet? Die stacheligen Ursprungsarten moderner Gartenrosen erleben in diesen zu heiß-trockenen und feucht-windigen Zeiten ein echtes Comeback.

Wildrosen

Wildrosen vereinen Sinnlichkeit mit wild-romantischem Charme. Sie sind authentisch und »funktionieren« in Natur und im Garten viel besser als zahlreiche »Hochleistungsrosen« des vergangenen Jahrhunderts. Sie überzeugen nicht durch übertriebene Opulenz, sondern durch natürliche Anpassungsfähigkeit. Allein ihre wirkungsvolle Bestachelung demonstriert Wehrhaftigkeit und Durchsetzungsvermögen. Dazu eine einfache, also ungefüllte Blüte und nur eine einmalige Blütephase im Früh- bis Hochsommer. Wildrosen beschränken sich naturgegeben auf ein Mindestmaß an Drama. Eine gute Taktik, denn in Kombination mit ihrem robusten Wesen ist so auch in unwirtlichen Lagen und stressigen Situationen Standfestigkeit und vitaler Wuchs garantiert.

Die ausgeprägt strauchartig, leicht über 2 m hoch wachsenden Rosenoriginale sind in der offenen Landschaft als Vogelnährgehölz Nährstoffquelle, insbesondere für

Wildbienen, sowie Rückzugsraum für Vögel und Kleinsäuger von unersetzlichem Wert. Ein Pfund für unsere Gärten, in denen uns nur ein Mehr an Natürlichkeit und Miteinander von Flora und Fauna den Klimawandel meistern lässt!

Ein weiteres, überzeugendes Argument für Wildrosen darf natürlich nicht fehlen: ihre Hagebutten. Wildrosen liefern vitaminreiche Beerenfrüchte, die nicht nur zahlreichen Tieren als Nahrung dienen. Pur oder getrocknet, in Gelees, als Mus oder Marmelade, als Tee oder für alkoholische Getränke schmecken sie auch uns Gärtnern.

WILDROSEN-ARTEN

- **Hecht-Rose** *(Rosa glauca):* Hohe Regenerationsfähigkeit gegenüber Krankheiten, wie Mehltau und Sternrußtau; attraktive, hellrote Blüte mit auffällig gelben Staubgefäßen.
- **Hunds-Rose** *(Rosa canina):* Weit verbreitete Art in Europa; rosafarbene Blüte; die scharlachroten Hagebutten sind wahre »Vitamin-C-Bomben«.

- **Mandarin-Rose** *(Rosa moyesii):* Kräftiger Wuchs und überragend winterhart; edle blutrote Blüten; dekorative Hagebutten.
- **Dünen-Rose** *(Rosa pimpinellifolia):* Hohe Regenerationsfähigkeit gegenüber Mehl- und Sternrußtau; weiße bis hellgelbe Blüten; intensiver Duft.
- **Apfel- oder Kartoffel-Rose** *(Rosa rugosa):* Große, essbare Hagebutten; rundum gesund, robust, standhaft und erwiesenermaßen pflegeleicht; gedeiht auch auf sandigen, problematischen Standorten.
- **Sand-Rose** *(Rosa virginiana):* Leuchtend rosafarbene Blüten;

schmückt sich im Herbst mit unzähligen Hagebutten und auffällig rotem Laub; gut winterhart.

MODERNE ROSEN

Die Vielfalt moderner Rosen sucht im Gartenpflanzenreich ihresgleichen. Doch bei dieser Auswahl fällt die Entscheidung schwer: Welche Schönheit soll es nur sein, zumal bezogen auf die Herausforderungen des Klimawandels? Themen, wie die generelle Blattgesundheit, allgemeine Standfestigkeit, eine lange Haltbarkeit der Blüten und eine größtmögliche Variabilität des Wuchses, bestimmen zunehmend die

Merkmale neuer Züchtungen. Die Wirkung von Rosen ist und bleibt im Garten einfach einzigartig.

Jahr für Jahr werden neue, »spektakuläre« Sorten auf dem Markt eingeführt; sich darüber einen umfassenden Überblick zu verschaffen, ist beinahe aussichtslos. Als Gärtner muss man aber nicht alle neuen Sorten kennen oder gleich ausprobieren. Was wir brauchen, sind Sorten, die sich dauerhaft im Garten bewähren. Achten Sie bei der Auswahl auf Sorten, die in hiesigen Gefilden gezüchtet wurden – sie sind optimal an die bei uns herrschenden klimatischen Bedingungen angepasst und mussten sich schon beim Rosenzüchter einem harten Selektionsprozess ohne den Einsatz von Pflanzenschutzmitteln stellen. Der folgende Überblick stellt nur eine kleine Auswahl der wichtigsten neuen, modernen Rosensorten dar, die sich in der Praxis bewährt haben. Sie besitzen in all ihren Merkmalen das Potenzial für eine erfolgreiche Zukunft der faszinierendsten Pflanzengattung überhaupt – rosige Aussichten! Pflanzenschutzmittel? Diese Sorten müssen nicht gespritzt werden.

Beetrosen

- **'Evelin®'** (Noack 2015): Kompakt-buschiger Wuchs; leicht duftige lachsrosa Blüten; sehr gute Blattgesundheit.
- **'Laudatio®'** (Noack 2015): Kräftig-buschiger Wuchs; lang haltbare, purpurne bis violette Blüten mit intensivem Duft; sehr gute Blattgesundheit.
- **'Novalis®'** (W. Kordes' Söhne 2010): Kräftiger Wuchs; lavendelblaue Blüten in nostalgischem Look; hohe Blattgesundheit; resistent gegenüber Mehltau und Sternrußtau.
- **'Schneeküsschen®'** (W. Kordes' Söhne 2016): Gedrungener Wuchs; reinweiße rundliche Blüten in reichen Dolden; hohe Blattgesundheit; resistent gegenüber Mehltau und Sternrußtau.
- **'Orangerie®'** (W. Kordes' Söhne 2016): Buschiger Wuchs; herrlich farbintensive und wetterfeste Blüten mit nostalgischem Charme; hervorragende Blattgesundheit.
- **'Rose der Einheit®'** (W. Kordes' Söhne 2015): Überreich blühend (zweifarbig samtrot-weiß); gute Blattgesundheit; hohe Regenerationsfähigkeit.

- **'Sweet Honey®'** (W. Kordes' Söhne 2015): Aufrecht-buschiger Wuchs; edle honiggelbe Blüten in reichen Dolden; Triebe und Belaubung völlig resistent gegenüber Sternrußtau.

Kletterrosen

- **'Parfum Royal Climbing®'** (NIRP International 2014): Kräftig-buschiger Wuchs (250 bis 300 cm); betörend duftende, silbrig glänzende rosafarbene Blüten (gut haltbar); gut winterhart; hohe Regenerationsfähigkeit; hervorragende Blattgesundheit.
- **'Sabrina®'** (Meilland 2012): Locker-aufrechter Wuchs (bis ca. 250 cm); angenehm duftende cremeweiß-roséfarbene Blüten (Romantik pur!); gut resistent gegenüber Mehltau/Sternrußtau; hervorragende Blattgesundheit.
- **'Sommergold®'** (Noack 2016): Kräftig-buschiger Wuchs (bis ca. 250 cm) mit immer wieder neuen Trieben aus der Veredlungsstelle; edle goldgelbe, gut farbbeständige und zitronig duftende Blüten in üppigen Dolden; gute Blattgesundheit.

Strauchrosen

- **'Bee Lovely®'** (Schultheis 2015): Kompakt-gedrungener Wuchs (bis ca. 130 cm); unzählige, leicht duftende rosarote Blüten (»Bienenmagnet«!) mit charmanter Wildrosenoptik; attraktive rote Herbstfärbung; sehr gute Blattgesundheit.
- **'Soul®'** (Tantau 2014): Kräftig-buschiger Wuchs: mehrfach ausgezeichnete nostalgische Strauchrose mit stark duftenden purpurvioletten Blüten; exzellente Blattgesundheit; sehr gut resistent gegenüber Mehltau und Sternrußtau.

LINKS   Hier zeigt die Dünen-Rose *(Rosa pimpinellifolia)* ihre ganze Klasse. Auch unter widrigen Bedingungen ist sie blütenstark und standhaft.

RECHTS   Regenfest und absolut hitzeverträglich. Die Bodendeckerrose 'Heidetraum' (Noack 1988, ADR 1990) ist ein unverwüstlicher Klassiker.

EXPERTENTIPP

AUF GESUNDE SORTEN ACHTEN

Viele ältere Rosensorten sind anfällig für Sternrußtau und können ohne Pflanzenschutzmitteleinsatz nicht befriedigend kultiviert werden. Wichtig ist daher neben der richtigen Standortwahl, einer bedarfsgerechten Düngung und regelmäßigem Schnitt: Nur völlig blattgesunde Sorten pflanzen! Die beste Orientierungshilfe im Sortendschungel: »ADR-Rosen« (Allgemeine Deutsche Rosenneuheitenprüfung, www.adr-rose.de). In diesem Härtetest werden Rosenneuheiten ohne Pflanzenschutzmittel über mehrere Jahre an elf Standorten in Deutschland geprüft. Nur die besten Sorten erhalten das ADR-Qualitätszeichen.

Duftnessel

Agastache

Stolz und anmutig steht sie da, die pflegeleichte Präriestaude aus Nordamerika. Mit der robusten und standhaften Duftnessel punkten Sie überall da, wo sie vollsonnige Standorte mit trockenen, lockeren, durchlässigen und nährstoffreichen Böden mit einem blühenden und duftenden Pflanzenzauber überziehen möchten. Zwischen 60 und 80 cm Wuchshöhe erreichen die meisten Formen, die ihre stolzen weißen, rosa- oder lilafarbenen Blütenkerzen mit großem Stehvermögen über den Hochsommer gen Himmel strecken. Zusammen mit Goldruten, Lilien, Königskerzen und Euphorbien ergeben sich beeindruckende Pflanzbilder, die vor allem dann wirken, wenn sie betont lückig-steinig und wie zufällig arrangiert wirken. Schön auch für winterliche silhouettenhafte Gestaltungen. Schon vier Exemplare decken 1 m² wirkungsvoll ab. Gute Bienen- und Schmetterlingsweide!

Perlkörbchen

Anaphalis triplinervis

Eine dankbare Sonnenanbeterin mit einem auffällig silbrigen Blütenkleid. Die unzähligen weißen, an Strohblumen erinnernden Blütenköpfchen verwandeln jeden sonnig-heißen Standort mit steinig-kiesigen, lockeren, nährstoffarmen Substraten in ein wahres Blütenmeer. Die silbrig-weißen Blütendolden (Juli bis Oktober) sind ein inspirierendes Faszinosum der Natur, ein Anblick, der pures Blüten-Garten-Glück bietet. Die Sorte 'Silberregen' vermag sogar ihr Blütenkleid bis November zu tragen. Als Wegbegleitung oder locker-luftige Flächenpflanzung wirkt das etwa 30 bis 50 cm hohe Perlkörbchen am besten. Gute Partner sind Astern, Federgras und ähnlich schöne Protagonisten für trockenheiße Bereiche. Perlkörbchen sind sowohl hitzetolerant, als auch überraschend winterfest und benötigen bis auf einen Auslichtungsschnitt im Frühjahr keinerlei besondere Pflege!

Ästige Graslilie

Anthericum ramosum

Natur pur! Eine grazile Schönheit, die in Teilen Süddeutschlands in streng geschützten Halbtrockenrasengesellschaften auf trockenen, kalkreichen und ganzjährig warmen Standorten vorkommt. Darüber hinaus hat sie sich bis weit ins südliche Osteuropa verbreitet und kommt dort auch auf steinigen, südexponierten Hängen vor. Immer der Sonne entgegen. Durch ihr tiefreichendes Wurzelwerk kommt sie selbst dann an Wasser, wenn es tagelang nicht geregnet hat. Die zahlreichen aparten Blüten (Juni bis August) sorgen zusammen mit den feinen Trieben für locker-flauschige Bilder, die wie stellvertretend für sommerliche Naturgärten stehen. Der Pflanzabstand liegt bei etwa 30 cm, was ca. zehn Pflanzen pro Quadratmeter ergibt, um die 50 bis 60 cm hohe Staude flächendeckend zu pflanzen. Die schönsten Bilder ergeben sich jedoch, wenn Sie *Anthericum ramosum* Begleiter untermischen, die ebenso apart wie natürlich wirken, etwa Federgras, Glockenblumen oder Purpur-Witwenblumen. Das Prinzip Zufall ist dabei der beste Gestalter, damit die Arrangements dem natürlichen Charakter ihrer Protagonisten entsprechen. Um übermäßiges Wandern (Selbstaussaat!) durch den Garten zu unterbinden, stets die abgeblühten Blütenstände entfernen mehr; Pflegeeingriffe sind nicht nötig. Gute Bienenweide!

Pyrenäen-Aster

Aster pyrenaeus 'Lutetia'

Die Pyrenäen-Aster garantiert auch bei allergrößter Hitze und Trockenheit intensive Blütenfreuden. Zusammen mit Duftnessel, Salbei, Katzenminze und Steinquendel bildet sie ein sonnenliebendes Team, das viel bietet, ohne dass Sie viel dafür tun müssen. Auf die Standortbedingungen kommt es an! Sonne, Wärme, Trockenheit, steinig-kiesige, betont kalkhaltige und nährstoffarme Substrate: Stimmen diese Parameter, dann ist die Pyrenäen-Aster in ihrem Element und versprüht schon nach wenigen Wochen einen natürlichen Charme, dass man sich schon wundert, wo die genügsame Pflanze das alles herholt. Auch ihre Ausdauer, Robustheit und Fähigkeit, selbst Wetterextreme schadlos zu überstehen, ist beachtlich. Achten Sie darauf, die Pflanze nicht zu eng zu setzten, um ihr genügend Raum und Luft zum Entfalten zu geben. Als grobe Faustregel gelten 50 cm Pflanzabstand als ausreichend, um die knapp 60 cm hohe Pflanze nicht durch nachbarschaftliche Konkurrenz zu stressen. An ihren Naturstandorten stehen die Pflanzen auch nicht in Reih und Glied und schon gar nicht auf den Zentimeter genau, sondern genau so, wie es die Laune der Natur vorgesehen hat. Einmal etabliert sind die lockeren Blütenstände mit großen, rosafarbenen bis helllila Blüten mit gelber Mitte per Garantie von Juli bis September im Garten präsent.

Steinquendel

Calamintha nepeta ssp. *nepeta*

Ein besonders duftiges Blütenvergnügen! Wenn sich gegen Juli die unzähligen kleinen Lippenblüten in zartem Hellviolett bis intensiv Blau über die frischgrünen Stängel zu einem nach Minze duftenden Blütenschleier fügen, dann ist der Gartenzauber perfekt. Wie selbstverständlich umgibt die Blütenstände der ca. 50 cm hohen Duftstaude dann ein quirliges Schwirren von Insekten aller Couleur. Bewährte und sterile (keine Selbstaussaat) Sorte für Mauerkronen, zwischen Steinen, an sonnigen Randbereichen und als duftige Wegmarke: 'Triumphator' (ca. 30 cm hoch, hellblaue Blüten von Juli bis Oktober). Einen Versuch wert ist auch 'Lila Riese' (bis 40 cm hoch) mit schönen violett durchgefärbten Blüten (Juli bis September). Boden: normaler Gartenboden, gut durchlässig, kalkarm, trocken. Ein Rückschnitt nach der Blüte hält die Pflanze buschig-kompakt und vital.

Edeldistel, Mannstreu

Eryngium

Die stachelig-kugeligen Edeldisteln, von denen es über 200 Arten gibt, faszinieren mit gleichsam dekorativen Blättern und Blüten und sorgen an jedem trockenwarmen Standort auf durchlässigen, humosen und nährstoffarmen Böden für das gewisse Etwas. Die zumeist urwüchsigen und rustikal wirkenden Pflanzen lassen keinen Zweifel daran, dass ihnen Trockenheit und Hitze rein gar nichts ausmachen, überdies strotzen sie heftigen Winden durch hohe Standfestigkeit. Um die Bestände vital zu halten, ist ein Rückschnitt abgeblühter Triebe empfehlenswert, allerdings erst im Frühjahr, denn die stacheligen Kugeln bieten schöne Winterakzente.
Ein Star unter den Edeldisteln ist der Alpen-Mannstreu (*Eryngium alpinum* 'Blue Star') mit kegelförmigen Blüten, die von metallisch glänzenden Hochblättern überragt werden. Eine tolle Strukturpflanze für Steingärten und Kiessteppen.

Wolfsmilch
Euphorbia

Diese extrovertierten und in Gestalt und Wirkung ganz verschiedenen Dickblätter dürfen in unserem Portfolio definitiv nicht fehlen. Für trockenheiße Sommermonate und ausgezehrte Standorte sind Wolfsmilch-Gefäße aus dem Spektrum der südlich-mediterranen Arten das Mittel der Wahl. Besonders faszinierend: die strukturstarken Blätter, deren darin enthaltener Milchsaft gleichfalls das charakteristische Wesensmerkmal bildet. Tritt bei mechanischen Verletzungen aus und kann bei sensiblen Menschen leicht unangenehme Kontaktallergien aus-

lösen. Die grünbetonten Exoten (die Gattung umfasst über 2000 Arten) mit eher zurückhaltenden Blüten (grün, gelb, orange), dafür umso auffälligerem Blattwerk passen prinzipiell überall da hin, wo Volumen und Übergang fehlen. Eine interessante Art für warmgeschützte Plätze auf durchlässigen, lockeren und nährstoffarmen Substraten ist *Euphorbia characias* (Mittelmeer-Wolfsmilch) 'Black Pearl' mit bezaubernd grünschwarz kombinierten Blüten. Der Standort sollte sonnig und der Boden gut durchlässig und nährstoffarm sein. Für markante vertikale Akzente sorgt *Euphorbia cornigera* (Hohe Wolfsmilch) 'Goldener Turm' mit 90 bis

120 cm Wuchshöhe und charmant hellgelben Blütendolden (Mai bis August). Pflege? Bestände ab und zu auslichten. Das reicht.

Ysop, Bienenkraut
Hyssopus officinalis

Der 40 bis 60 cm hohe Ysop blickt auf eine lange und stolze Geschichte in alten Bauerngärten zurück. Seine herb-würzigen Blätter eignen sich für vielfältige Heilanwendungen und Küchenkreationen, auch als markante Beigabe für alkoholische Getränke. Der zuweilen bittere Geschmack ist allerdings sprichwörtlich Geschmackssache. In modernen Gärten sucht man Ysop leider oft vergebens, allerhöchste Zeit diesen aromatischen Gartenklassiker neu zu entdecken! Denn das Bienenkraut ist einerseits »old-school«, andererseits aufgrund seines ver-

lässlichen und anpassungsfähigen Wesens für die aktuellen und zukünftigen Stresssituationen im Garten bestens gerüstet. Die blauen Blüten (Juli/August) sind eine schmucke Sommerzierde und wirken magisch anziehend auf Bienen, Hummeln und Schmetterlinge. Der Name Bienenweide kommt nicht von ungefähr! In voller Sonne und auf kalkarmen, mageren, vor allem gut durchlässigen Böden fühlt sich der kräftig wachsende Ysop am wohlsten. Einfacherweise alle zwei Jahre im Frühjahr konsequent zurückschneiden, damit die Bestände nicht aus der Form wachsen. Gerade für wild-romantische Steingärten, die sich auf die Laune der Natur ein-

lassen, ist das Bienenkraut ideal, benötigt über das Jahr zudem keinerlei besondere Pflege. Idealer Pflanzpartner für doppelt duftiges Gartenglück: Salbei.

Italienische Strohblume, Currykraut

Helichrysum italicum

Die Italienische Strohblume ist ein interessanter Blickfang mit seinen silbrig-grau-grünen Blättern und den zierlichen gelben Blütenköpfen (Juni bis September). Das 40 bis 60 cm hohe und angenehm duftende Mittelmeerpflänzchen mag es betont sonnig, trocken und bevorzugt durchlässige, nährstoffarme Substrate. Staunässe unbedingt vermeiden! Die schöne Strukturpflanze komplettiert jedes Steingarten-Arrangement mit explizit mediterraner Note und macht in locker-steinigen Gestaltungen eine gute Figur.

Gute Partner sind Ysop, Lavendel, Thymian und Salbei. Ein leichter Rückschnitt nach der Blüte sorgt für einen kompakten Wuchs. Dann kann auch ein Starkregen dem duftigen Geflecht nichts anhaben.

Damit die Überwinterung gelingt, müssen Sie *Helichrysum italicum* über die Frostperiode entweder gut einpacken oder im kühlen Wintergarten überwintern (als Kübelpflanze).

Purpur-Witwenblume

Knautia macedonica

Schön und dabei so anspruchslos. Diese vom Balkan stammende Wildstaude ist ein echtes Musthave, um in vollsonnigen Lagen so richtig auf den Putz zu hauen, ohne sich um Wetterstress und übermäßigen Konkurrenzdruck sorgen zu müssen. Ist der Boden locker-durchlässig, tendenziell nährstoffarm und durchsetzt von kalkhaltigem Gestein: perfekt! Die wilde Schönheit blüht in anziehendem Dunkelweinrot (Juni bis September) – zieht dadurch auch unzählige Insekten an. Tolle Bienen- und Schmetterlingsweide!

Geben Sie der Purpur-Witwenblume genügend Platz, um sich zu entfalten, zudem sollten die Arrangements generell lückig und durchzogen von steinigen Passagen sein, denn so entstehen Bilder, die den Naturstandorten am nächsten kommen. Außerdem vermeiden Sie – ganz natürlich – Staunässe und Luftstau. Sehr gut harmoniert die zwischen 60 und 100 cm hohe Art mit Currykraut, Wollziest und mediterranen Kräutern sowie sonnenfesten Sträuchern, etwa dem Blasenstrauch. Sehr wirkungsvoll: Gruppenpflanzung à acht bis zehn Exemplare. Die ausgesprochen blühfreudige Staude benötigt während der Saison keinerlei besondere Zuwen-

dung; nicht einmal die Blüten müssen gekappt werden, denn die Art liefert von sich aus stets genügend Nachschub ihrer herrlich im Sonnenlicht leuchtenden Blüten. Gute Schnittblume.

Echter Lavendel
Lavandula angustifolia

Sie alle kennen (und lieben) den Lavendel. Als hochsommerlicher Blüten- und Duftaspekt ist die mediterrane Sehnsuchtspflanze unerlässlich! Der Echte Lavendel bringt zudem alle Eigenschaften mit, um auch unter extremen Wetterbedingungen mit selbstbewusster Haltung zu bestehen. Viele Sorten sind auf gewisse Eigenschaften reduziert. Die Pflanzen sind erstaunlich robust gegenüber mechanischen Verletzungen. Der zwischen 50 und 70 cm hohe Echte Lavendel vermehrt sich im Gegensatz zu vielen, hierzulande erhaltenen Sorten über Selbstaus-

saat, sichert sich also selbst seinen Bestand an zusagenden Standorten. Ideal sind: sonnig-warm (gern heiß!), trocken, kalkhaltig, durchlässige, steinig-kiesig, nicht zu nährstoffreich. Die typischen Blütenrispen erscheinen zwischen Juni und August und werden einfacherweise nach dem Abblühen gekappt, es sei denn, Sie möchten die Selbstaussaat vorantreiben. Der konsequente Rückschnitt erfolgt jeweils im Frühjahr, damit die Pflanzen schön kompakt bleiben. Die Gestaltungsmöglichkeiten sind grenzenlos, wobei am besten Arrangements wirken, die dem Lavendel Raum und Gesellschaft seiner Artgenossen und ähnlich lichthungriger Kräuter (Salbei,

Thymian etc.) geben, auch für großflächige Gruppenpflanzung oder Dufthecken. Oder steinig-kiesige Böschungen oder …

Purpur-Leinkraut
Linaria purpurea

Diese aus Mittel- und Süditalien stammende Wildstaude verspricht – und hält – spannende Gartenfreuden. Mit 60 bis 80 cm Wuchshöhe begibt sie sich ins Mittelfeld der Beetstauden und trumpft von da durch ihre attraktiven Blütentrauben (Juli bis Oktober) und einem ehrenhaft eleganten Habitus auf, ohne sich übermäßig in den Vordergrund zu drängen. Eine charmante Grazie, nicht ohne auch an sich selbst zu denken. Das Purpur-Leinkraut neigt zu starker Selbstaussaat und spielt damit der Laune der Natur in gehörigem Maße in die Karten. Schon wenige

Exemplare von *Linaria purpurea* befördern das Prinzip Zufall im Beet. Als (natürliche) Partner bieten sich Salbei, Currykraut, Purpur-Witwenblume, Blauer Stauden-

Lein und Federgras an. Trockenheit und Hitze sorgen nicht für Probleme und lockere, gut durchlässige, nährstoffarme Böden für beste Wuchsbedingungen.

Blauer Stauden-Lein

Linum perenne 'Nanum Saphir'

Inspirierende Natürlichkeit in Himmelblau. Robust und entzückend zugleich. In vollsonniger Lage auf mäßig nährstoffreichen, gut durchlässigen und betont kalkhaltigen Substraten spielt der Blaue Stauden-Lein seine ganze Klasse aus. Für Steingarten-Arrangements oder weitläufige, betont locker-luftige Staudenpartien oder Steppenpflanzungen ein absoluter Vorzugskandidat. Wirkt am besten in locker eingestreuten Tuffs. Dass die Pflanze nur ein kurzes Stelldichein in der Saison hat, macht nichts, denn durch Selbstaussaat sorgt sie fleißig selber für ihr alljährliches Comeback. Um diesen Prozess noch zu unterstützen, ist ein Rückschnitt der Stängel im Herbst äußerst effektiv. Während des Gartenjahres bildet die knapp 30 cm hohe und horstig wachsende Pflanze bienenfleißig Blüte für Blüte. Apropos: hervorragende Bienenweide! Winterschutz ist nicht notwendig.

Katzenminze

Nepeta

Die Gattung der Katzenminzen ist so vielfältig wie besonders. Ein Gewinn für jeden sommerlichen Garten – unwiderstehliches Musthave! Grob unterscheidet man zwischen grau- und grünlaubigen Arten/Sorten, und da graulaubige naturgemäß an karge, steinige und nährstoffarme Substrate in voller Sonne gewöhnt sind, sind sie unser Mittel der Wahl. Gegenüber Trockenstress sind sie äußerst resistent und damit wesentlich besser vorbereitet auf die voranschreitenden klimatischen Veränderungen als grünlaubige Arten und Sorten. Zuverlässig und attraktiv sind vor allem *Nepeta × fassenii* ('Walker's Low', 'Six Hills Giant') und *N. grandiflora* (wird durchaus über 100 cm hoch). Auch niedrige Arten und Sorten (Wuchshöhe bis ca. 35 cm) sind interessant, etwa *N. racemosa* 'Superba' sowie 'Grog' und 'Odeur Citron' (beide herrlich zitronig!). Pflege? Passt der Standort, dann genügt zumeist ein kräftiger Rückschnitt nach der Blüte, um die Vitalität zu erhalten. Die allermeisten Arten schaffen sogar einen zweiten Blütenflor im Jahr. Ein Auge sollten Sie auf den Ausbreitungsdrang haben, denn via Selbstaussaat gelangt die aromatische Katzenminze auch dorthin, wo sie eigentlich nicht gewünscht war oder ist. Ideale Partner: Wollziest, Lavendel, Salbei, Wolfsmilch und ein paar locker verteilte Natursteinfindlinge.

Brandkraut
Phlomis russeliana

Dieser blattstarke Bodendecker mit dichtem, apfelgrünem Laub ist eine expressive Schönheit par excellence. Nach einiger Zeit des Anwachsens bilden sich ausdrucksstarke, in mehreren Etagen übereinanderstehende gelbliche Blütenquirle (Juni/Juli), die nicht nur spektakulär aussehen, sondern auch sehr lange präsent sind. Highlight jedes winterlichen Gartens! Neben viel Sonne benötigt *Phlomis russeliana* Böden, die sandig-lehmig, trocken bis frisch und nicht zu nährstoffreich sind. Durch teils massive Selbstaussaat ist Brandkraut sehr wüchsig, kann also recht schnell andere, konkurrenzschwache Arten verdrängen. Die Einsatzmöglichkeiten der 60 bis 100 cm hohen Staude sind vielfältig und reichen von der freien, offenen Fläche bis zu Gehölzpartien, in die sich *Phlomis russeliana* dankbar einfügt. Ein unkomplizierter und hochattraktiver Flächenbegrüner.

Rudbeckie, Sonnenhut
Rudbeckia fulgida var. *sullivantii* 'Goldsturm'

Prächtig, prächtig dieser Sonnenhut! Der zwischen 60 und 80 cm hoch aufragende 'Goldsturm' gehört zu den bekanntesten und zuverlässigsten Sonnenhüten. Unzählige goldgelbe Blüten mit der charakteristischen schwarzen Mitte sorgen genau dann im Garten für Blütenpracht, wenn alle anderen Blüten gefühlt »schon ewig« passé sind – allein durch die lange und späte Blütezeit (Juli bis Oktober) kommen wir um diesen Gartenklassiker nicht herum. Boden: nährstoffreich, mittlerer pH-Wert, lehmig, gut humos und frisch. Pflege: gelegentlich mit Komposterde düngen, Rückschnitt im Frühjahr, denn über die Wintermonate sorgen die stolzen Blütenstände für interessante Perspektiven. Der Sonnenhut meistert Wetterstress problemlos und seine straff-kompakten Horste lassen sich auch von stärkeren Winden nicht aus der Fassung bringen. Durch Selbstaussaat sichert er sich selbst seinen Fortbestand, und wenn die Bestände zu üppig werden, dann einfach durch Teilung des Wurzelstocks entsprechend dezimieren. Neben der klassischen Verwendung im Cottage- oder Bauerngarten eignet sich *Rudbeckia fulgida* zur Akzentuierung von Einfriedungen, zum Verwildern weitläufiger und natürlicher Gartenbereiche sowie als Hauptart in Prärie- und Steppenpflanzungen. Schöne Schnittblume und gute Bienenweide.

Steppen-Salbei

Salvia nemorosa

Dieser Klassiker ist so verlässlich wie stressfest und macht in nahezu jeder Gestaltung eine überaus gute – standfeste – Figur. Das ideale Pendant zu Lavendel bezogen auf Blüten- und Duftwirkung. Ein Dreamteam, das mit unwiderstehlichem Charme mediterrane Sehnsucht versprüht. Tiefblaue Himmel, trockenheiße Luft und karge, steinig-trockene Landschaften, weitflächig überzogen von locker-lückigen Blütenteppichen sind per se schon rein assoziativ präsent. Weitere gute Partner: *Stachys byzantina* (Teppich-Wollziest), *Nepeta* (Katzen-minze), *Linaria purpurea* (Purpur-Leinkraut). Staunässe vermeiden, die fördert Wurzelfäule und den allgemeinen Stresspegel der Pflanze, die darüber hinaus an warmen, geschützten Plätzen auf mäßig nährstoffreichen Böden aber rundum robust ist. Der Rückschnitt erfolgt einfacherweise im Frühjahr. So lässt sich der aufrechte, kompakte Habitus über Jahre erhalten, was letztlich auch dem Stehvermögen bei Starkregen und Sturm zugutekommt. Bewährte Sorten: 'Mainacht' und 'Ostfriesland' (beide violettblau), 'Blauhügel' (blau), 'Schneehügel' (weiß). Wenn Ihnen neben der Blüten- auch die Duftwirkung und eine breitgefächerte Verwendung von Blatt und Blüte am Herzen liegen, dann ist Echter Salbei *(Salvia officinalis)* die nicht minder attraktive Staude der Wahl.

Fetthenne

Sedum

Keine Frage, die Fetthenne gehört in all ihrer Vielfältigkeit zu Recht zur Grundausstattung, gerade auch im Wettstreit um die größte Standfestigkeit bezogen auf Wetter-Klima-Stress. Denn, und das verschafft den allermeisten Sedum-Arten dabei einen der vorderen Startplätze im Hürdenlauf des Klimawandels, Fetthenne und Trockenheit gehören einfach zusammen, und selbst die stärksten Regenereignisse machen den kompakten Blüten nicht viel aus. Die verschieden grünen, dickfleischigen Blätter zeugen von maximaler Anpassung an regenarme Phasen und ergeben zusammen mit den oft mehrfarbigen Blüten eine expressive Optik. Trockene, sonnige Standorte mit normalen, eher nährstoffarmen Böden sind ideal. Wenn Sie sich zwischen den vielen Arten und Sorten nicht entscheiden können, dann lassen Sie sich von der robusten Schönheit von 'Herbstfreude' begeistern.

Teppich-Wollziest

Stachys byzantina 'Silver Carpet'

Wunderbarer Bodendecker! Pflegeleicht und wetterfest. Der kraftvoll kriechende, ausläuferbildende Teppich-Wollziest bildet sprichwörtlich Pflanzenteppiche mit hohem ästhetischen Wert. Nährstoffarme, trockene, durchlässige (Staunässe unbedingt vermeiden), neutrale Böden bilden die Basis für die knapp 30 cm hohen Flächenpolster, die sich vorzugsweise auf steinigen Freiflächen in voller Sonne ausbilden. Es ist vor allem das wintergrüne Blattwerk, das den Teppich- Wollziest als ganzjährig attraktive Staude qualifiziert. Toller Anblick mit frostig-

glänzendem Schneeüberzug! Neben weitläufigen Flächenpflanzungen (10 bis 12 Pflanzen pro Quadratmeter) eignet sich die Art auch zur Begleitung und Einfassung von Wegen sowie für ganzjährige schöne Beetvordergründe. Zusammen mit Euphorbien, Lavendel und Rosen bildet der dankbare Bodendecker schöne, kontraststarke Pflanzenbilder, die mediterranes Flair versprühen und doch perfekt an die hiesigen klimatischen Verhältnisse angepasst sind. Das liegt im Besonderen an dem silbrig-grauen, dicklichen und markant behaarten Blattwerk, das spontan an charakteristische Mittelmeerflora in trockenheißen Extremlagen erinnert. Die violetten

Blüten erscheinen nur selten (Juni/Juli), dennoch ist die polsterweiche Polsterstaude eine gern besuchte Bienenweide.

Patagonisches Eisenkraut

Verbena bonariensis

Nicht nur auf Bienen wirken die intensiv violettfarbenen Blütendolden magisch anziehend. Das Patagonische Eisenkraut macht es einem aber auch leicht, blüht überreich und faszinierend lang (Juli bis November), kommt nahezu ohne Pflege aus und ist überhaupt mit einer Wuchshöhe zwischen 80 bis 120 cm von stattlicher Statur. Damit katapultiert sich der stolze Südamerikaimport weit nach oben auf die Liste der Arten, die schon mit wenigen Exemplaren für besondere Gartenmomente sorgen, ohne dass Sie

viel dafür tun müssen. Boden: trocken, locker und gut durchlässig, nicht zu nährstoffreich. Leider ist die schöne Staude bei uns nicht immer zuverlässig winterhart, verbreitet sich aber auch in weniger milden Regionen durch Selbstaussaat ohne Ihre Zuwendung – manchmal so stark, dass sie lästig wird. Überzählige Sämlinge lassen sich leicht erkennen und jäten (oder den Nachbarn schenken).

Japanische Herbst-Anemone

Anemone japonica

Robust, blütenreich, pflegeleicht, ausdauernd und spätblühend: An Argumenten für die Herbst-Anemone mangelt es nicht. Das inspirierende Spiel der je nach Sorte weißen über rosafarbenen bis tiefroten Blütenköpfe (August bis Oktober) über ihren sanft im Wind wiegenden Stängeln gehört zu den schönsten Aspekten des späten Gartenjahres. Die Vielfalt der Sorten und Hybriden ist gleichermaßen unüberschaubar wie begeisternd, und bevor Sie an der stetig wachsenden Zahl der Farb- und Blütenvariationen verzweifeln,

greifen Sie sich einfach drei bis fünf heraus und lassen die Natur für sich arbeiten. Einfacher als mit Japanischen Herbst-Anemonen können Sie Ihren Garten kaum mit einem Meer an Blüten überziehen. Und gerade aus verschiedenen Sorten zusammengemischte Pflanzungen, in denen sich die einzelnen Blütentriebe sprichwörtlich in die Quere kommen, ergeben Bilder, die so eigentlich nur die Natur zu erschaffen in der Lage ist. Eine sehr elegante und seit Jahrzehnten etablierte Sorten-Hybride ist 'Whirlwind', die mit reinweiß gefüllten Blüten in überreicher Zahl schlichtweg begeistert. Aufgrund ihrer Wuchshöhe zwischen 70 und 120 cm und ihres

raumgreifenden Habitus eignet sich *Anemone japonica* vorzüglich für Randpartien mit wildromantischer Ästhetik. Boden: frisch, humos, nährstoffreich.

Große Sterndolde

Astrantia major

Ein kecker Anblick, die aparten Blütendolden der Großen Sterndolde. Im Gegenlicht wirken die weiß-grün-rosafarbenen Blüten wie spitzzackige Stecknadelkissen. Glauben Sie nicht? Dann pflanzen Sie doch einige Exemplare der unkomplizierten Staude in Ihren Garten, am besten an absonnige bis (maximal) halbschattige Standorte mit guter Frischluftzufuhr und Böden, die stets gut feucht und nährstoffhaltig sind. Dort fühlt sich die zwischen 50 und 70 cm hohe *Astrantia major* in Gesellschaft von Arten am wohlsten, die ähnlich natürlich und doch von

gewissem Blütenstolz gekennzeichnet sind: z. B. Storchschnabel, Glockenblume, Lilientraube. Um übermäßiges Verbreiten durch Selbstaussaat zu vermeiden, ein-

facherweise direkt nach der (ersten) Blüte im Juni/Juli zurückschneiden. So legen Sie den Grundstock für eine zweite Blühphase im September!

Kerzen-Wiesen-knöterich

Bistorta amplexicaulis

Diese wilde Schönheit ist fast so etwas wie ein Allheilmittel für alle lichtschattigen bis halbschattigen Bereiche, die gut und gerne üppig und voluminös ausgestattet werden sollen. Allein der intensive Kontrast zwischen den saatgrünen Blättern und Trieben sowie den feuerroten Blütenkerzen ist den Versuch mit *Bistorta amplexicaulis* wert. Die Sorte 'Atropurpureum' ist der unangefochtene Star unter den Kerzen-Wiesenknöterichen. Ein echter Gartenklassiker in prachtvollem Rubinrot (August bis Oktober). Mit dem Kerzen-Wiesenknöterich können Sie nicht viel falsch machen, wenn Sie ihn stets gut mit Nährstoffen versorgen und über sommerliche Trockenphasen ausreichend Wasser spenden. Besondere Pflegemaßnahmen sind nicht nötig, es gilt die goldene Regel: einfach in Ruhe wachsen lassen. Gelegentliches Ausdünnen des an guten Standorten fast urwüchsigen Bestandes schadet indes nicht. Überall da, wo genügend Platz ist, die natürliche Note im Vordergrund steht und das Bild nicht allzu diszipliniert wirken soll, überall da passt die Art perfekt. Von Wetterkapriolen lässt sich die kräftige Staude nicht aus der Bahn werfen, selbst Trockenheit und Frost werden toleriert.

Perfekter Partner fürs Herbstbeet: Herbst-Anemone. Perfekter Boden für diese unkomplizierte Art: frisch bis feucht, lehmig, gut humos.

Hängepolster-Glockenblume

Campanula poscharskyana

Sehr schöne Polster-Glockenblume! Einmal etabliert garantiert sie jahrelange Gartenfreude. Von Anfang Juli bis Ende September begeistert sie mit unzähligen lilablauen Blütenglöckchen, die für ein lebendiges Flair sorgen, ganz gleich ob als flächige Unterpflanzung, Akzentuierung von kleinen Ziergehölzen oder als Begleitung von Wegen. Gut resistent gegenüber Schneckenfraß! Die im Mittel 20 cm hohe Polsterstaude benötigt trocken bis frische, gut durchlässige und betont steinige Substrate. Schwere Böden unbedingt meiden! Um die Vitalität zu erhalten, empfiehlt sich ein konsequenter Rückschnitt jeweils im Frühjahr. Wenn Sie bereits in der Saison einen zweiten Blütenflor wünschen, dann einfach den ersten mutig runterputzen. Die Hängepolster-Glockenblume belohnt Sie mit einem sprichwörtlich zweiten Frühling. Idealer Pflanzpartner für Storchschnabel (*Geranium*-Arten).

Silberkerze

Cimicifuga racemosa

Nicht kerzengerade, sondern elegant gebogen hängen die markanten Blütenkerzen der Silberkerze in stolzen 180 cm Höhe an der natürlich-wüchsigen Schattenstaude. Die cremeweißen Blüten sind zusammen mit dem frischgrünen Blattwerk ein echter Hingucker und aufgrund der Wuchsgröße ideal, um im Beethintergrund für ein wenig Furore zu sorgen. Geben Sie der Silberkerze einen Standort, an dem sie ungestört wachsen kann und an dem die Sonne nur selten durchdringt. Der Boden sollte frisch, gut humos und nährstoffreich, jedoch nicht zu schwer und undurchdringbar sein. Neben der effektvollen Blüte überzeugt das Blattwerk mit schmückenden Blattzeichnungen und interessanten Farbvarianten. Die Art blüht erst spät im Jahr: Juli/August und September sind ihre Monate. Damit und aufgrund ihrer herausragenden Schattenverträglichkeit ist die Silberkerze zu Recht Vorzugskandidatin für ganzjährig attraktive Schattengärten. Aufgrund ihrer Wüchsigkeit, schon ein Exemplar genügt, um 1 m² zu füllen, benötigt *Cimicifuga racemosa* viel Raum zum Entfalten und daher im Garten einen Platz, der dies ermöglicht. Spannend sind Gruppenpflanzungen unter größeren Gehölzen oder kombinierte Strauch-Stauden-Pflanzungen mit natürlicher Ausstrahlung. Pflege? Gelegentlich auslichten, um die Pflanze gesund zu halten.

Balkan-Storchschnabel

Geranium macrorrhizum

Eine hochattraktive, anspruchslose Schönheit, die auch schattige Bereiche mit einem schönen, purpurfarbenen und dezent duftigen Blütenkleid (Mai bis Juli) überzieht. Der Balkan-Storchschnabel wird knapp 30 cm hoch und ist vielseitig im Garten als auch im Topf/Kübel einsetzbar. Dankbarer Bodendecker, aber auch als Unterpflanzung wirkungsvoll. Ansprüche an den Boden stellt *Geranium macrorrhizum* vornehmlich in puncto Lockerheit und Durchlässigkeit und je weniger Nährstoffe, desto besser. Das Düngen können Sie sich also sparen, auch auf übermäßiges Gießen können, ja müssen Sie verzichten, denn zu viel Wasser stresst die aus dem Mittelmeerraum stammende Staude nur übermäßig.

Wie bei allen Storchschnabel-Arten ist ein kräftiger Rückschnitt nach dem Frost das Mittel der Wahl, um die starkwüchsige Pflanze im Zaum und vital zu halten.

Lilientraube

Liriope muscari

Sehr natürliche und unkomplizierte Staude für großflächige Unterpflanzungen, weitläufige Staudensäume und Flächen mit wild-romantischer Ausstrahlung. Die charakteristischen, rispenartigen Blütentrauben erstrahlen überreich in intensivem Violett – von August bis Oktober. Damit eignet sich die Lilientraube (syn. Glockentraube) ideal für die späten Blütenakzente des Gartenjahres. Der Boden sollte frisch, gut durchlässig und nährstoffreich sein. Ideal ist ein gut dräniertes, lockeres Substrat, in dem Staunässe erst gar nicht aufkommt,

denn diese mag die wüchsige Wildstaude keinesfalls. Die Lilientraube wird mit 50 cm gerade so hoch, dass sie bei hoher Bodenabdeckung auch vertikale Akzente bietet (die eleganten Blüten!) und sich auch im Beetzentrum behauptet. Ihr bevorzugtes Terrain sind aber die licht- bis halbschattigen Bereiche in der Nähe kleinerer Gehölze. In puncto Pflege macht es Ihnen die wilde Schönheit ganz einfach: Substrat und Standort einpassen, über die Saison regelmäßig gießen, das war's. Auf einen Rückschnitt können Sie verzichten, denn jedes Jahr wachsen genügend frische Triebe nach; die alten vergehen und bilden den Rohstoff für besten Humus.

Die Staude ist zuverlässig winterhart und gerade für eine natürliche Gestaltung in schattiger Lage ein echter Gewinn.

Rosenwaldmeister

Phuopsis stylosa

Der Rosenwaldmeister verspricht ein duftiges und pflegeleichtes Vergnügen. Das ideale Terrain sind lichtschattige Gehölzrandpartien oder abfällige Böschungsbereiche, die Sie mit der knapp 30 cm hohen und 40 cm breiten Staude völlig problemlos in ein duftiges Blatt-Blüten-Meer verwandeln können. Schon mit sieben bis acht Pflanzen je Quadratmeter sind Sie dabei. Die Blüten erscheinen über die Sommermonate Juni, Juli und August in wunderbar lieblichem Rosé ('Purpurea') oder kräftigem Purpurrosa ('Purpurglut'). Boden: sandig-lehmig, gut humos, mitt

lerer Nährstoffgehalt und nicht zu trocken, aber keinesfalls zu schwer und nass. Achten Sie darauf, dass dem Substrat nicht die Nährstoffe ausgehen, und reduzieren Sie die

Blattmasse nach der Blüte kräftig, damit sich der unkomplizierte Flächenfüller stets wieder gesund aufbauen und nachwachsen kann. Gute Bienenweide!

Elfenblume

Epimedium

Schöner lassen sich schattige Bereiche im Garten fast nicht gestalten. Schon der legendäre Staudenpapst Karl Foerster lobte die unkomplizierten Elfenblumen sprichwörtlich über den grünen Klee. Elfenblumen, die am Naturstandort in lichten Wäldern vorkommen, sind entzückende und verlässliche Bodendecker (15 bis 40 cm Wuchshöhe) mit zarten, durchaus elfenartigen Blüten (März bis Mai/Juni) in großer Farbvarietät (hell-/goldgelb, weiß, rosa, rot, violett, oft auch zweifarbig) und zierendem Blattwerk. Tolle Sorten: *Epimedium grandiflorum* 'Akebono' (reichblütig weiß mit lilarosa) und *E. pubigerum* 'Orangekönigin' (filigraner orangebetonter Blütenschmuck).
E. × perralchicum 'Frohnleiten' ist sogar wintergrün und durch weitreichende Ausläuferbildung auch in unzugänglichen Ecken anzutreffen: perfekt für dunkle Problembereiche! Aufgrund seiner aparten Schönheit sind aber schöne Plätze, etwa vor Mauern oder gruppiert um schöne Ziergehölze, angemessener als dunkle Ecken. *Epimedium* ist trotz seiner Blattmasse überragend trockenheitsresistent und äußerst verträglich in puncto Wurzeldruck größerer Gehölze. Seine zuverlässige Bodenabdeckung ist zudem sehr wirkungsvoll gegenüber unliebsamen Unkräutern. Boden: frisch, locker und gut humos. Etwas Winterschutz aus Mulch oder Laub schadet vor allem bei Neuanpflanzungen nicht.

Schwarzer Schlangenbart

Ophiopogon planiscapus 'Niger'

Wetten, dass Sie noch keine schwärzere Staude gesehen haben? Auf den ersten Blick könnte man auch meinen: Gras, denn die schmalen Blätter des Schwarzen Schlangenbartes wirken wie die von Gräsern mit ähnlichem Wuchsbild, nur eben in Grüntönen. Diese Art ist ganz wundervoll in Kombination mit Gräsern (z. B. Japan-Waldgras) oder als bodennahe Flächenpflanzung. Der schwarze Teppich sieht spektakulär aus, vor allem mit hellem Kies als Untergrund. Toller Kontrast! Reizvoll ist auch der Blütenflor (Juli/August) mit seinen winzigen weißlich-rosafarbenen Blüten. Halbschattige bis schattige Standorte auf sauren und humusreichen Böden sind optimal. Da *Ophiopogon* nicht immer zuverlässig winterhart ist, sollten Sie einerseits eine Frühjahrspflanzung bevorzugen und andererseits junge Bestände über die Frostperiode mit etwas Reisig schützen. Schnitt ist nicht notwendig.

Ysander
Pachysandra terminalis

Diese aus China und Japan stammende, fleißig Ausläufer treibende Blattschmuckpflanze benötigen Sie unbedingt, um schattige Partien aller Couleur in attraktive Flächen zu verwandeln. Die Wirkung der lebendig grünen Blattteppiche ist sprichwörtlich glänzend! Die beste Alternative zu niedrigem Bambus in Optik und Funktion. Naturgemäß fühlt sich der polsterweiche etwa 20 bis 30 cm hohe Bodendecker auf gut humosen, leicht sauren und nicht zu trockenen Böden am wohlsten. Längere Trockenphasen sowie intensive Regenereignisse steckt der rundum schmucke Ysander mit seinem im Sonnenlicht herrlich glänzenden Blattwerk problemlos weg. Interessanter Bonus: Fast unbemerkt verschwindet herunterfallendes Laub in dem dichten Blattgrün; ein echter »Laubschlucker«. Öfters zurückschneiden, um für genügend frischgrünen Blattaustrieb zu sorgen.

Japanischer Regenbogenfarn
Athyrium niponicum 'Metallicum'

Warum nicht mal einen Farn als Hingucker in schattigen Bereichen einsetzen? Der 20 bis 40 cm hohe, horstig wachsende Japanische Regenbogenfarn bietet alle Vorrausetzungen dafür! Mit seinen mehrfach gefiederten Wedeln und silbrig schimmernden Blattzeichnungen, zumal von einem dynamisch wechselvollen Farbspiel zwischen bräunlichgrün über silbern bis rötlich gekennzeichnet, sowie einer insgesamt auffälligen Erscheinung wirkt er apart und exotisch. Eine besondere Zierde, unentbehrlich für den (feuchteren) Schattengarten. Wirkt hervorragend am Fuß größerer Gehölze oder in Kombination mit »Wald-Stauden-Gräsern«. Schön auch mit Steinen, Holzstümpfen und Moosen. Bis auf leichte Frostbeulen bei Kahlfrösten rundum robust und zuverlässig. Krankheiten? Fehlanzeige! Alles, was den Winter nicht überlebt, einfach im Folgejahr konsequent abtrennen. Ideal sind frische bis feuchte, betont saure Substrate. Hier können Sie einfacherweise mit einer – gut wärmenden – Reisigabdeckung über die Frostperiode nachhelfen. Ein weiterer schöner und widerstandsfähiger (sehr gut trockenheitsverträglicher!) Farn: Brauner Streifenfarn (*Asplenium trichomanes*). Toll für beschattete Mauerfugen, zur Kübelbepflanzung und sonstige absonnige Plätze im Natur- und/oder Steingarten.

Moskitogras
Bouteloua gracilis

Was für ein interessanter Hingucker! Das etwas bizarr anmutende Moskitogras macht seinem Namen alle Ehre, wirken die unzähligen sich im Wind wiegenden Blütenstände fast wie ein hektisch umherschwirrender Libellen- oder Moskitoschwarm. Vor allem im Gegenlicht ein wahrlich umwerfendes Schauspiel! Mit 20 bis maximal 40 cm bleibt das Gras recht niedrig, wirkt daher am besten in kompakten Gruppen, und da am besten in Gesellschaft von ähnlich sonnenlichthungrigen und anspruchslosen Partnern, etwa Brandkraut, Edeldistel oder Italie-

nische Strohblume. Die charakteristischen rotbraun gefärbten Ährchen zeigen sich von Juli bis September, also genau dann, wenn es Sonne pur gibt. Idealerweise belassen Sie diese aber bis zum Ende des Winters, denn gerade auch der Winteraspekt des Moskitograses ist nicht ohne Faszination, wenn die feinen Ähren im Zusammenspiel mit Frost und Schnee quirlig über die Beete tanzen, ja schwirren. Der Boden sollte möglichst kalkhaltig und allzeit gut durchlässig sein. *Bouteloua gracilis* nur sparsam gießen! Nach der winterlichen Frostperiode wird alles konsequent zurückgeschnitten, und der nächste Moskitoschwarm kann sich aufbauen. Das

locker aufrecht wachsende Moskitogras ist verlässlich windfest und unkompliziert.

Blaustrahlhafer
Helictotrichon sempervirens

Das perfekte Gras, wenn es die Sonne richtig gut meint. Hitze und Trockenheit können dem mit seinen Blütenrispen bis 1,2 m hochragenden Blaustrahlhafer rein gar nichts anhaben. Im Gegenteil, sie fordern das sonnenliebende Gras zu wahren Höchstleistungen noch extra heraus. Ausgehend von der etwa 40 cm über dem Boden befindlichen silbrig- bis graugrünen Basis, arbeitet sich *Helictotrichon* sukzessive über sein Umfeld hinaus, bis die strohigen Blütenhalme genügend Luft und Licht für ihre stolze Selbstdarstellung bekommen. Gern lassen sie sich dabei

ein Stück vom Wind mitnehmen. Der große Vorteil des Blaustrahlhafers: Auch bei stärkerem Wind bleibt das Gras kompakt und formstabil. Und falls es Ihnen zu strohig wird, schneiden Sie die Halme einfach über der Basis ab. Perfekt zur Geltung kommt der Blaustrahlhafer vor südlich exponierten Mauern und Wänden oder auf locker, steinig-kiesigen Freiflächen. Als Partner bieten sich Fetthenne und Wollziest sowie andere silberlaubige Pflanzen an. Generell harmoniert *Helictotrichon* perfekt mit subtropisch bis mediterraner Flora, denn seine natürliche Heimat befindet sich südlich der Alpen. Das heißt im Umkehrschluss: Nur sparsam gießen! Der

Boden sollte idealerweise mager, locker und allzeit gut durchlässig und kalkreich (steinig-kiesig!) sein.

Blaues Schillergras

Koeleria glauca

Eine zarte, blaugrüne Gräser-schönheit mit explizit natürlicher Ausstrahlung. Sehr schöne Blattwirkung! Das kompakt horstig wachsende Gras ist dabei ganz variabel einsetzbar: als Auflockerung von Pflanzflächen, als Begleiter in Töpfen/Kübeln, als Wegbegrenzung oder als flächige Strukturpflanzung. Wirken tut es in jedem Fall, und die Ähnlichkeit mit dem weit bekannteren Blau-Schwingel *(Festuca glauca)* ist erstaunlich. *Koeleria glauca* ist bei uns heimisch und hat dadurch einen Standortvorteil gegenüber der Vielzahl an »Exoten«, die ebenfalls sandig-trockene und karge Böden bevorzugen. Pflege? Bei extremen Hitzeperioden regelmäßig gießen und im Frühjahr die vorjährigen Halme bodennah kappen, um die Regeneration zu fördern. Über den Winter sorgen die Halme für interessante Aspekte im Zusammenspiel mit lockeren Schneedecken.

Federgras

Stipa tenuissima

Zart und fein und doch stolz präsentiert sich das Federgras überall da, wo es genügend warm und der Boden durchlässig und sandig ist. Ein wunderschönes und zugleich anspruchsloses Gras. Den fedrig-zarten Grannen beim Wiegen im Wind zuzuschauen, ist ein inspirierendes Schauspiel. Das Federgras wirkt auch hervorragend als Solitär im Topf und Kübel. Sein bevorzugtes Terrain sind jedoch weitläufige, locker-steinige und leicht wellige Flächen, die sich durch natürliche Unregelmäßigkeiten auszeichnen und jedem gerade so viel Platz zur Entfaltung lassen, wie er benötigt. Beeindruckend wirken großflächige, windexponierte Pflanzungen, denn so kommt das flauschige Spiel der feingliedrigen Grannen am besten zur Geltung. Lange Trockenheit wird ebenso problemlos überstanden wie sommerliche Regengüsse. Nicht düngen und erst im Frühjahr zurückschneiden.

Berg-Reitgras

Calamagrostis varia

Eine noch recht unbekannte Reit-
gras-Art, die schon auf den ersten
Blick von den allermeisten *Calamagrostis*-Arten abweicht, denn:
Im Gegensatz zu diesen besitzt das
Berg-Reitgras dichte, flauschig und
elegant bogig überhängende Blütenrispen, und es vermag, sowohl
an trockenen wie auch feuchten
Standorten und auch noch in halbschattigen Lagen vital zu wachsen.
Ein weiterer wichtiger Vorteil: Das
Berg-Reitgras ist kaum anfällig
gegenüber Wurzeldruck, etwa
durch größere Gehölze, und
empfiehlt sich somit als Vorzugskandidat für großflächige Gehölz-

unterpflanzungen. Anpassungsfähigkeit: Note eins – perfekt! Ein
echter Spezialist für schwierige
Fälle, wie etwa den Klimawandel.
Imposant wirken größere Gruppen.
Als direkte Pflanzpartner bieten
sich Balkan-Storchschnabel, Berge-
nien, Funkien, Elfenblume und
Japanischer Regenbogenfarn an.
Das locker horstig wachsende Gras
samt sich nicht übermäßig aus,
wodurch »unkontrolliertes« Wandern durch den Garten begrenzt
werden kann. Ein weiterer Vorteil,
gerade um die Einheit von Pflanzungen übers Jahr hinweg zu
erhalten. Die ideale Pflanzzeit für
den 80 bis 150 cm hoch wachsenden Anpassungskünstler ist von
März bis Oktober; Pflanzabstand

50 cm. Die Art blüht von Juni bis
August (gelblichgrüne Rispen).
Pflege: bodennaher Rückschnitt im
Frühling.

Berg-Segge

Carex montana

Für halbschattige und schattige
Bereiche bietet vor allem die Gattung der Seggen *(Carex)* ein breit
aufgestelltes Artenangebot, mit
dem allein sich ein eigener Garten
gestalten ließe. Stellvertretend für
die faszinierende Bandbreite der
Seggen und überaus tolerant
gegenüber Standort, Boden und
Umwelteinflüssen sollten Sie für
betont schattige Lagen in jedem
Fall die Berg-Segge probieren.
Diese schön dichthorstig wachsende Art ist über Jahre ein Garant
für Zuverlässigkeit und meistert
Wetterstress problemlos. Boden:

trocken bis frisch, kalkhaltig, lehmig
und eher nährstoffarm. Wie der
Name schon verrät, liegt der
Naturstandort auf teils schroffen
Extremlagen, an die sich das Gras

über Generationen angepasst hat.
Carex montana ist ein Meister des
Verzichtes und kommt daher auch
für anthropogene Extremstandorte
wie Dachbegrünungen infrage.

Japan-Waldgras

Hakonechloa macra

Ein ganz wunderbares und an passenden Standorten vollkommen wetterfestes Gras, um in der Fläche für gleichsam stimmungsvolle wie auch beruhigte Bilder zu sorgen. Falls Sie es noch nicht probiert haben: Vor allem als Unterpflanzung attraktiver Kleingehölze oder als Saum von Pflanzflächen ist das Japan-Waldgras in seiner Wirkung einmalig. Auch der Herbstaspekt, wenn sich die sonst lanzettlichen, frischgrünen, kaskadenartig herabhängenden Blattschöpfe kupferfarbig färben, ist nicht zu verachten. In Kultur und Pflege ist *Hakonechloa macra* überaus einfach, wenn Sie darauf achten, dass der Standort sich überwiegend in schattiger bis halbschattiger Lage befindet. Sonne pur verträgt es absolut nicht! Der Boden sollte frisch bis feucht, dabei durchlässig, nährstoffreich und humusreich sein, dann kümmert sich das Japan-Waldgras in aller Regel um sich allein und Sie dürfen das stete Voranschreiten des dichten Bodendeckers aus entspannter Entfernung betrachten. Die Sorte 'Aureola' hat es mit ihren zitronengelb-grünen Halmen bereits zu einiger Berühmtheit im Freiland, aber auch in Töpfen und Kübeln geschafft. Das maximal 40 bis 50 cm hohe Japan-Waldgras passt perfekt zu Purpurglöckchen, Farnen, als Unterpflanzung von Japanischen Ahornen oder Kupfer-Felsenbirnen *(Amelanchier larmarckii)*.

Japanisches Blutgras

Imperata cylindrica 'Red Baron'

Ganz zu Recht ist das Japanische Blutgras in der Sorte 'Red Baron' so beliebt! Die stolze Gräserschönheit begeistert allein mit ihren überaus auffällig flammenrot gefärbten Blättern und entfacht damit im Freiland sowie im Topf und Kübel ein wahres Feuerwerk. Und dabei präsentiert sich das 45 bis 50 cm hohe Gras als überaus pflegeleicht und anspruchslos. Ein durchlässiger, frischer, vor allem nahrhafter Boden ist wichtig, damit die Pflanze stets genügend Nährstoffe zur Verfügung hat. Achtung: Die verwelkten und trockenen Blätter erst im Frühjahr zurückschneiden, da sie der in unseren Breiten nur bedingt winterharten Pflanze als wichtiger Winterschutz dienen. Wenn möglich den Gräsern einen geschützten (wintermilden) Standort geben oder bei Kübelpflanzen direkt ins Warme stellen, um ein winterliches Auszehren der Pflanzen zu verhindern.

Schmuckkörbchen

Cosmos bipinnatus

Wie der Name schon verrät: eine wahrlich schmucke Pflanze mit langer Blütezeit (Mai bis zum ersten Frost)! Das rundum pflegeleichte Schmuckkörbchen wächst schön aufrecht und begeistert mit tollen Blüten (weiß, rosa, rot) und filigranem Laub, am besten auf sonnigen bis halbschattigen Lagen in gut humosen, durchlässigen Böden. Es gibt eine überragende Sortenvielfalt, wobei als Entscheidungskriterium neben der Blütenfarbe die jeweilige Wuchshöhe zum Tragen kommt. Hohe Sorten (z. B. 'Ladybird Scarlet', 'Gloria' und 'Sunny Red') können bis zu stolze 2 m in die Höhe ragen, benötigen dann aber in aller Regel Unterstützung, um vom Wind nicht allzu leicht umgeknickt werden zu können. Niedrig und kompakt bleibende Sorten (z. B. 'Gazebo' und 'Daydream') machen sich am besten im Topf und Kübel. Regelmäßiges Entfernen von Verblühtem verlängert die Blütezeit merklich. Gestaltung: am besten in Gruppen, die gern kunterbunt zusammengemischt sein können und in Kombination mit Spinnenblume und Löwenmäulchen ein besonders schönes Bild ergeben. Kann ab März im Topf vorgezogen und etwa Mitte Mai ins Freiland gesetzt werden. Trockenheit vertragen die ursprünglich aus dem trockenheißen Arizona (USA) und Costa Rica stammenden Schmuckkörbchen problemlos. Dankbare Schnittblume!

Mittagsblume

Dorotheanthus bellidiformis

Ein echter Sonnenliebhaber! Und die perfekte Pflanze für Faule … benötigt nie Wasser! Die bis knapp 20 cm hoch werdende Pflanze aus dem südlichen Afrika ist an die dortigen klimatischen Verhältnisse in einem Maß angepasst, dass Sie mit der Mittagsblume auch bei den längsten Trockenphasen hierzulande einen zuverlässigen Garanten farbenfroher Gartenfreude in petto haben. Die zahlreichen farbenreichen Blüten (gelb, rot, rosa, orange) erscheinen ab Mai und bilden bis Ende August einen dichten Blütenteppich. Je nährstoffärmer und trockener der Boden, umso wohler fühlt sich *Dorotheanthus bellidiformis*, der bekannteste Vertreter aus der Familie der Mittagsblumengewächse. Das ideale Terrain dieser südafrikanischen »Sonnenblume« sind steinige Arrangements, wie Stein- und Sukkulentengärten, Mauernischen, Pflasterfugen und Trockenmauern.

Schlafmützchen
Eschscholzia californica

Der botanische Name macht um die ursprüngliche Herkunft dieser leuchtenden Sommerschönheit kein Geheimnis: Kalifornien. Damit sind die optimalen klimatischen Rahmenbedingungen perfekt abgesteckt. Das Schlafmützchen liebt es also sonnig, trocken bis ausgedörrt und karg und blüht an zusagenden Standorten zuverlässig von Juni bis September in wunderschön leuchtendem Gelb-Orange, welches im Sonnenlicht einen faszinierenden Goldschimmer bekommt. Pures Pflanzengold! Interessant und einen Versuch wert sind aber auch

Varietäten in Cremeweiß, Orange, Karminrot und Bronze. Kommt einfacherweise per Direktsaat ab Ende April direkt ins Beet, und da die Pflanzen rasch tiefgehende Pfahlwurzeln ausbilden, bekommt man sie da so leicht nicht wieder weg. Aber wer will diesen 20 bis 40 cm großen Goldschatz schon leichtfertig aus seinem Garten verbannen? Durch Selbstaussaat ist der Fortbestand im Folgejahr fast schon garantiert. Über den Herbst und Winter sollte der Boden dafür nicht übermäßig verdichtet werden. Spektakulär wirken großflächige Kolonien, die sich wellenförmig über den Garten ausbreiten. Bis auf das Entfernen einiger abgeblühter Blütenstände, um die

Blütenbildung die ganze Saison über anzuregen, und einige Wassergaben während längerer Trockenzeiten benötigt *Eschscholzia californica* keinerlei Zuwendung.

Gazanie, Mittagsgold
Gazania

Eine dichtbuschig und gut verzweigt wachsende Sommerblume mit gewissen Allüren, denn ihre schönen Blüten zeigen die aus Süd- und Ostafrika stammenden Gazanien nur, wenn die äußeren Bedingungen stimmen. Nur bei wolkenfreiem Himmel und strahlender Sonne bekommen wir die ganze Pracht ihrer farbenfrohen Korbblüten zu sehen. Da aber sowohl Sonnentage als auch die Sonnenscheindauer garantiert zunehmen, bekommen wir die unzähligen 4 bis 6 cm großen Blütenköpfe zukünftig gewiss noch häufiger zu Gesicht.

Gießen brauchen Sie Gazanien nur, wenn die Sonnenkinder drohen, schlapp zu machen. Auf Düngergaben können Sie komplett verzichten, denn Gazanien benötigen nur sehr wenige Nährstoffe.

Zu viele Nährstoffe machen sie nur anfällig. Lockere, gut durchlässige, sandig-lehmige Böden wählen. Schöne Sorten sind 'Colorado Gold', 'Kiss Yellow Flame', 'Mahagoni' und 'Orange Glow'.

Kapkörbchen

Osteospermum

Kapkörbchen sind pflegeleichte und rundum robuste Allrounder für vollsonnige Standorte, die es sortenabhängig auf Wuchshöhen zwischen 40 und 100 cm bringen. Gut hitze- und trockenheitstolerant, nur Staunässe mögen sie partout nicht. Auch bei stärkeren Winden bleibt die Pflanze standhaft und die auffällig großen Blüten formstabil. Die schön kompakt wachsenden Halbsträucher mit großen, margeritenähnlichen Korbblüten (weiß, gelb, rosa, violett, orange, rot) von Juni bis Oktober geben einen idealen Solitär ab. Auch im Beet. Substrat: durchlässig, lehmig-sandig-kiesig und gut humos. Attraktive Sorten sind z. B. 'Double Purple', 'Hawaii', 'Asti', 'African Daisy'. Wenn der Habitus gedrungener und buschiger werden soll, dann sollten Sie junge Triebe frühzeitig entspitzen. Die Blütezeit verlängern Sie dadurch, dass Verblühtes regelmäßig entfernt wird.

Pelargonie

Pelargonium

Unverzichtbarer und höchst widerstandsfähiger Klassiker! Auch heutzutage gilt, kein Balkon und keine Terrasse ohne sommerliche Pelargonien. Die rundum unkomplizierten Pflanzen sind zwar vom Image eher out of vogue anstatt trendy und hot, dennoch überzeugen Pelargonien immer genau dann, wenn anderen Pflanzen aufgrund extremer Witterung und Standortbedingungen schon lange die Luft ausgegangen ist. Also, why not?! Attraktiv sind mehrere in Reihe stehende, einfarbige Töpfe und Kübel. Probieren Sie auch mal locker gemischte Flächenpflanzungen. Gerade an vollsonnigen Extremstandorten oft die überraschend einfache Pflanzlösung. Man unterscheidet aufrechte Pelargonien (*Pelargonium-Zonale*-Hybriden) und – die allseits beliebt-bekannten Balkonklassiker schlechthin – Hängepelargonien (*Pelargonium-Peltatum*-Hybriden). Beide sind in unüberschaubarer Sortenvielfalt (weiß über rot bis tiefviolett, auch gemischt, gefüllt/ungefüllt) erhältlich (lassen Sie Ihren Geschmack entscheiden) und blühen, blühen, blühen an sonnigen Plätzen von Mai bis Oktober. Boden: durchlässig, lehmig-sandig mit mittlerem bis hohem Nährstoffgehalt. Auf sehr gute Wasserversorgung achten und regelmäßig düngen. Wenn Sie öfters Verblühtes entfernen, dann wird der Wuchs gedrungener und die Blütenbildung stets aufs Neue angeregt.

Portulakröschen
Portulaca grandiflora

Ein wunderbar farbenfroher Sonnenanbeter. Die zahlreichen schönen, schalenförmigen Blüten in leuchtenden Farben (Weiß, Gelb, Rosa, Violett, Orange, Rot) machen das gerade einmal 10 bis 15 cm groß werdende Portulakröschen zu einem attraktiven Dauerblüher (Juni bis Oktober) in flachen, flächigen Pflanzungen und Pflanzgefäßen aller Couleur. Pflege und Zuwendung: kaum nötig. Das aus Südamerika stammende Pflänzchen mag es entsprechend sonnig-heiß und benötigt für vitales Wachstum durchlässige, sandig-kiesige Substrate, aber nur mäßige Wassergaben, denn wenn dann ist Staunässe ungünstig. Die Anzucht (März bis Mai) gelingt problemlos und ab Mitte Mai dürfen die Jungpflänzchen ins Freiland.

Schöne Gestaltungen ergeben sich, wenn Sie Portulakröschen locker auf Trockenmauern, in Mauernischen oder im Steingarten platzieren.

Husarenknopf
Sanvitalia procumbens

Dem krautigen, niederliegend wachsenden Husarenknopf brauchen Sie beim Wachsen eigentlich nur genüsslich zuzuschauen, denn in erster Linie kümmert sich das allgemein anspruchslose Pflänzchen recht gut um sich alleine. An sonnigen bis lichtschattigen Plätzen und in durchlässigen, leicht sauren, gut humosen Substraten gefällt es dem Husarenknopf am besten. In aller Regel genügt normales Gießen völlig. Nur Staunässe müssen Sie möglichst vermeiden, allzu schwere Substrate daher am besten mit einigen Kieseln auflockern. Wie bei den allermeisten Sommerblumen fördern Sie Blühwilligkeit durch regelmäßiges Ausputzen und Verzweigung durch gelegentliches Trimmen allzu langer Triebe. Schön wirken Kombinationen mit Vanilleblumen und Edel-Lieschen im Topf und Kübel. Als flache Beeteinfassung oder teppichartige Flächenbepflanzung macht *Sanvitalia* im Garten eine überragende Figur. Wind, Regen, Hitze: Das alles macht seinen unzähligen gelb-orangenen Blütenköpfen (Juni bis September) mit braun-grüner Mitte überhaupt nichts aus. Der Husarenknopf ist absolut wetterfest! Säen bzw. pflanzen Sie *Sanvitalia* nicht zu eng, um Wurzelfäulnis und Pilzbefall durch eventuell schlecht abtrocknende Pflanzen oder Substrate nicht durch vermeidbares Eigenverschulden zu fördern.

Adressen, die Ihnen weiterhelfen

Allgemeine Informationen
www.umweltbundesamt.de

Gartenwetter
www.dwd.de

Pflanzenschutz & Schädlinge
www.wasser-und-pflanzenschutz.de
www.aid.de
pflanzenschutzdienst.rp-giessen.de

CO_2-Rechner
uba.co2-rechner.de

STAUDEN
Foerster-Stauden
Am Raubfang 6
14469 Potsdam-Bornim
www.foerster-stauden.de

Klingel & Luckhardt
Fliederweg 10
21789 Wingst
www.stauden-klingel-luckhardt.de

Staudengärtnerei Wichmann
Wallweg 1
26215 Wiefelstede
www.stauden-wichmann.de

Schachtschneider Stauden
Kirchhatter Straße 14
27801 Neerstedt/Oldb.
www.schachtschneider-stauden.de

Pöppel-Stauden
Hauptstraße 95
28816 Stuhr-Seckenhausen
www.poeppel-stauden.de

Staudenkulturen Eskuche
Am Söhnholz
29664 Ostenholz
www.stauden-eskuche.de

Staudengärtnerei Zinser
Burgwedeler Straße 18
30919 Isernhagen
www.stauden-zinser.de

Stauden Junge
Seeangerweg 1
31787 Hameln
www.stauden-junge.de

Arends Maubach
Monschaustraße 76
42369 Wuppertal
www.arends-maubach.de

Staudenkulturen Stade
Beckenstrang 24
46325 Borken-Marbeck
www.stauden-stade.de

Staudengärtnerei Kirschenlohr
Im Lammsbauch 29
67346 Speyer
www.stauden-kirschenlohr.de

Die Staudengärtnerei
Beerfeldener Straße 28
69483 Affolterbach
www.die-staudengaertnerei.de

Syringa Duftpflanzen & Kräuter
Bachstraße 7
78247 Hilzingen-Binningen
www.syringa-samen.de

Staudengärtnerei Gräfin von Zeppelin
Weinstraße 2
79295 Sulzburg-Laufen
www.graefin-von-zeppelin.de

Staudengärtnerei Gaißmayer
Jungviehweide 3
89257 Illertissen
www.gaissmayer.de

Sarastro-Stauden
A-4974 Ort im Innkreis 131
www.sarastro-stauden.com

Frikarti Stauden AG
Kirchhaldenstrasse 3
CH-6264 Pfaffnau
www.frikarti.ch

ROSEN
ADR-Rosen
www.adr-rose.de

W. Kordes' Söhne Rosenschulen
Rosenstraße 54
25365 Klein Offenseth
www.gartenrosen.de

Rosen Tantau
Tornescher Weg 13
25436 Uetersen
www.rosen-tantau.com

Noack Rosen
Im Fenne 54
33334 Gütersloh
www.noack-rosen.de

Rosenhof Schultheis
Bad Nauheimer Straße 3–7
61231 Bad Nauheim-Steinfurth
www.rosenhof-schultheis.de

Rosen-Union
Steinfurther Hauptstraße 27
61231 Bad Nauheim-Steinfurth
www.rosen-union.de

Delbard
9 route de Commentry
F-03600 Malicorne
www.georgesdelbard.com

BAUMSCHULEN

Späth'sche Baumschulen
Späthstraße 80/81
12437 Berlin
www.spaethsche-baumschulen.de

H. Lorberg Baumschulerzeugnisse
Zachower Straße 4
14669 Ketzin OT Tremmen
www.lorberg.com

Lorenz von Ehren
Maldfeldstraße 4
21077 Hamburg
www.lve.de

Bruns Pflanzen
Johann-Bruns-Allee 1
26146 Bad Zwischenahn
www.bruns.de

Pflanzenhandel Lappen
Herrenpfad 14
41334 Nettetal
www.lappen.de

Pflanzenhandel Huben
Schriesheimer Fußweg 7
68526 Ladenburg
www.huben.de

Stichwortverzeichnis

Seitenzahlen mit * verweisen auf Abbildungen

Bildnachweis

Über den Autor

Lars Weigelt studierte Landespflege/Freiraumplanung in Dresden. Seit- dem arbeitete er u. a. als Garten- und Freiraumplaner in Karlsruhe, absol- vierte ein Volontariat bei einem Stuttgarter Ratgeber-Verlag und hatte eine leitende Tätigkeit in der Wohnungswirtschaft inne. Seit Anfang 2011 ver- bindet er seine grünen Kompetenzen in Text, Plan und Bild in seinem Redaktionsbüro »die grüne Note«. Als Redakteur verfasst und steuert er Beiträge für gartenrelevante Medien, als Planer entwirft und verwirklicht er Gärten und Freiräume. Der Blick fürs große Ganze und die Verbindung von ökologischer Vernunft mit zeitgemäßem Design sind seine Kern- themen, Gärtnern seine Passion. Mit Esprit und Hingabe vermittelt er Garten-Fachwissen über Magazinbeiträge und Gartenbücher.

Impressum

Bibliografische Information der Deutschen Nationalbibliothek

Die Deutsche Nationalbibliothek verzeichnet diese Publikation in der Deutschen Nationalbibliografie; detaillierte bibliografische Daten sind im Internet über http://dnb.d-nb.de abrufbar.

BLV Buchverlag
GmbH & Co. KG
80636 München

© 2017 BLV Buchverlag GmbH & Co. KG, München

Umschlagkonzeption und Gestaltung: BLV Verlag
Umschlagfotos:
    Titelbild: Shutterstock
    Rückseite: Friedrich Strauß

Idee und Konzept: Dr. Folko Kullmann
Projektmanagement: Kullmann & Partner GbR
Herstellung: Angelika Tröger
Layoutkonzept: griesbeckdesign, München
Gestaltung und Satz: Kristijan Matic/Kullmann
    & Partner GbR

Gedruckt auf chlorfrei gebleichtem Papier

Printed in Italy
ISBN 978-3-8354-1634-5

Hinweis
Das vorliegende Buch wurde sorgfältig erarbeitet. Dennoch erfolgen alle Angaben ohne Gewähr. Weder Autor noch Verlag können für eventuelle Nachteile oder Schäden, die aus den im Buch vorgestellten Informationen resultieren, eine Haftung übernehmen.

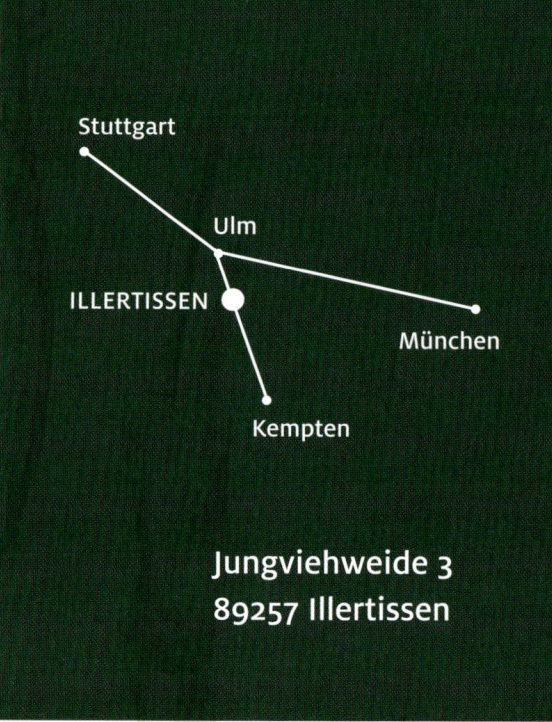